Bernd Wehren

SPORT – schnell griffbereit

Leichtathletik

9783403231493

1.–4. Klasse

PERSEN

Der Autor: Bernd Wehren
studierte die Fächer Deutsch, Mathematik, Sachunterricht und Sport auf Grundschullehramt von1990 bis 1995 in Münster. Nach dem Referenda-riat in Bochum unterrichtete er an mehreren Grundschulen, heute ist er Lehrer an der Heinrich-Neuy-Grundschule in Steinfurt. Bernd Wehren veröffentlichte bereits mehrere Unterrichtshilfen und Arbeitsmaterialien.

3. Auflage 2022

AAP Lehrerwelt GmbH
Veritaskai 3
21079 Hamburg
Telefon: +49 (0) 40325083-040
E-Mail: info@lehrerwelt.de

Geschäftsführung: Christian Glaser
USt-ID: DE 173 77 61 42
Register: AG Hamburg HRB/126335

Illustrationen: Roman Lechner, Renata Golaszewska, Alexander Erkens
Satz: Bittner Dokumedia, Hoisdorf
Druck und Bindung: Esser printSolutions GmbH, Bretten

ISBN 978-3-403-23149-3
www.persen.de

Inhaltsverzeichnis

1. Einleitung

Zur Leichtathletik gehören die Bereiche Laufen, Werfen und Springen, die wiederum in Teildisziplinen eingeteilt sind, z.B.: ausdauerndes und schnelles Laufen, Werfen mit verschiedenen Sportgeräten, Weit- und Hochsprung. Daher schafft die Leichtathletik oft Grundvoraussetzungen für viele andere Sportarten. Im Schulsport kann keine kurzfristige Leistungssteigerung möglich sein. Denn dafür ist ein langfristiges und dauerhaftes Training im Leichtathletik-Verein notwendig! Vielmehr sollen alle Schüler unabhängig vom sportlichen Leistungsvermögen Freude und Erfolgserlebnisse haben und neue Bewegungserfahrungen machen.

Die in diesem Büchlein vorgestellten Übungen und Spielformen
- können in der Sporthalle, meist auch draußen durchgeführt werden,
- haben ein einfaches Regelwerk,
- können durch kleine Änderungen neu erfunden werden,
- haben auch teilweise keinen Gewinner oder Verlierer,
- können mit geringem Materialaufwand durchgeführt werden,
- motivieren „schwächere" Schüler,
- stärken die Gemeinschaft der Gruppe,
- sind schnell realisierbar und
- machen einfach Spaß.

Sie finden in diesem Buch im praktischen Hosentaschenformat zu jedem der drei großen Leichtathletik-Bereiche Laufen, Werfen und Springen die Grundregeln, Bilder und Erklärungen zu den Grundtechniken sowie illustrierte Übungs- und Spielformen. Zur schnellen Orientierung finden Sie in den Kopfzeilen, welche Disziplin, Technik, Übung, Spielform auf dieser Seite vorgestellt werden. Für ein besseres Verständnis sorgt der meist gleiche Seitenaufbau: auf jeder Seite ein bis zwei kurze, gut strukturierte Anleitungen und darunter ein bis zwei Bilder, die zu den Anleitungen passen.

Zudem finden Sie Aufwärm- und Stretching-Übungen vor. Somit können Sie – auch als fachfremder Sportlehrer – Leichtathletik-Disziplinen Schritt für Schritt einführen, auch eigene Varianten und Ideen der Schüler berücksichtigen. Abschließend können Sie einen spaßorientierten „Leichtathletik-Zehnkampf" durchführen.

Viel Spaß mit diesem kleinen „Leichtathletik-Buch" wünscht Ihnen und Ihren Schülern *Bernd Wehren*

2. Leichtathletik „Zehnkampf“

Bei der Durchführung eines Zehnkampfes können Sie auf Übungs- und Spielformen aus diesem Buch zurückgreifen. Schreiben Sie zuerst mit Bleistift 10 Übungs- oder Spielformen mit der jeweiligen Seitenzahl auf. Und lassen Sie Ihre Schüler mitentscheiden und abstimmen, welche Übungs- und Spielformen mit ins „Zehnkampf-Programm“ aufgenommen werden sollen.

1. .... Seite ......
2. .... Seite ......
3. .... Seite ......
4. .... Seite ......
5. .... Seite ......
6. .... Seite ......
7. .... Seite ......
8. .... Seite ......
9. .... Seite ......
10. .... Seite ......

Planen Sie für den Zehnkampf eine Doppelstunde bzw. zwei Unterrichtsstunden ein. Zu Beginn lesen Sie die „Fair-Play-Regeln“ vor:

1. *Wir stellen uns an und warten.*
2. *Wir sind friedlich, freundlich und helfen uns.*
3. *Wir geben Spielgeräte auch anderen Kindern.*
4. *Hauen, Treten, Auslachen, Meckern und Beleidigen ist verboten.*

3. Tipps für den Sportunterricht

- Die Sportkleidung besteht aus Sporthose, T-Shirt und Turnschuhen (mit Klettverschluss).
- Bevor Sie mit Ihrer Klasse zur Sporthalle gehen, sollten sich Ihre Schüler selbstständig ihren Sportbeutel nehmen, zu zweit aufstellen und zur Ruhe kommen können. Erst dann gehen Sie langsam, leise und hintereinander los.
- Auch der Weg zur Sporthalle sollte mehrfach geübt werden.
- Jeder Schüler sollte in der Umkleidekabine genug Platz zum An- und Ausziehen haben. Achten Sie dabei auch darauf, dass die Schüler ihre Kleidung ordentlich aufhängen und auf die Bank legen.
- Uhren und Schmuck werden abgelegt!
- Lange Haare werden mit Haarbändern zusammengebunden.
- Zeigen Sie den Schülern die Waschräume und die Toiletten.
- Wer umgezogen ist, darf in der Halle entweder frei spielen oder sich in den Sitzkreis setzen.
- An Geräten darf nicht geturnt werden, bis Sie es erlauben.
- Sichern Sie Fallbereiche mit Matten.
- Achten Sie von Beginn an auf konsequente Regeleinhaltung!
- Lassen Sie Ihre Schüler beim Auf- und Abbau von Geräten mithelfen. Trainieren Sie mit ihnen den Gerätetransport.
- Beenden Sie jede Sportstunde in Ruhe und lassen Sie die Schüler gruppenweise in die Kabinen gehen und nicht rennen.

Bei allen genannten Tipps helfen Ihnen die nachfolgenden Regeln.

3.1 Verbote und Gebote im Sportunterricht!

1) Wir holen in Ruhe unsere Sportsachen und stellen uns an der vereinbarten Stelle leise auf.

2) Wir ziehen uns zügig und leise in der Umkleide um.

3) Wir tragen in jeder Sportstunde Sportzeug (Turnschuhe, Sporthose und T-Shirt).

4) Wir legen Uhren und Schmuck ab, damit wir niemanden verletzen.

5) Wir binden lange Haare mit einem Haarband zusammen.

6) Wir lassen Getränkeflaschen in der Umkleidekabine.

7) Wir gehen in den Gängen langsam und rennen nicht.

8) Wir dürfen die Halle betreten, wenn der Lehrer es erlaubt.

9) Wir turnen auf keinen Geräten, die schon in der Halle aufgebaut sind. Auch die Tribüne und den Geräteraum betreten wir nicht!

10) Wir achten auf die Zeichen des Lehrers! Bei Gesprächen sind wir leise! Wir hören dem Lehrer oder den Mitschülern zu!

3.2 Leichtathletik-Trainingstipps

1. Lauf-Trainingstipps

a) Trainiere nur, wenn du gesund bist (kein Fieber, keine Erkältung...).
b) Verausgabe dich nicht! Trainiere mit Ruhepausen und Trinkpausen.
c) Zu Beginn solltest du das Laufen und Gehen abwechseln (2 Minuten laufen, 1 Minute gehen, 2 Minuten laufen, 1 Minute gehen usw.).
d) Erhöhe zuerst nach und nach die Laufstrecke und erst dann deine Laufgeschwindigkeit.
e) Wenn du eine lange Strecke läufst, solltest du so schnell laufen, dass du dich dabei unterhalten kannst.
f) Dehne deine Muskeln nach jedem Training.
g) Ein guter Laufschuh ist notwendig, wenn du lange trainierst.
h) Bevor du die Schnelligkeit trainierst, solltest du dich ca. 5-10 Minuten dehnen und aufwärmen.
i) Trainiere zuerst den genauen Bewegungsablauf mehrfach langsam, bevor du den Ablauf schnell durchführst.
j) Trainiere deine Schnelligkeit nur dann, wenn du es wirklich willst.

2. Beweglichkeits-Trainingstipps

a) Beim Dehnen („Stretching") werden deine Muskeln ca. 30 Sekunden gestreckt. Dabei bleibst du in einer bestimmten Dehnstellung, ohne sie zu verändern.
b) Durch das Dehnen bleiben deine Muskeln elastisch und sie werden erwärmt. Auch deine Gelenke bleiben beweglich.
c) Das Dehnen beugt Verletzungen vor.

3. Kraft-Trainingstipps

a) Wärme dich vor dem Kraft-Training immer auf.
b) Führe leichte Kraftübungen für Arme, Beine und Oberkörper durch (keine Extrembelastungen).
c) Führe die Übungen bewegungsrichtig und –genau durch.
d) Führe Kraftübungen mit geradem Rücken durch (kein Hohlkreuz).
e) Atme bei Kraftanstrengung aus, beim Entspannen ein. Vermeide Pressatmung (= roter Kopf).

4. Koordinations-Trainingstipps

a) Bevor und während du die Koordination trainierst, stelle dir immer wieder die Übung und den Übungsablauf im Kopf vor.
b) Trainiere zuerst den genauen Bewegungsablauf mehrfach langsam, bevor du den Ablauf schnell durchführst.

3.3 Aufwärmen

Vor den Leichtathletik-Übungen sollten sich die Schüler langsam und spielerisch aufwärmen. Wenn die Schüler sich aufgewärmt haben, sollte der Körper anschließend gedehnt werden (siehe S. 12-17 „Stretching"):

1. Zur Musik lockeres und langsames Laufen.

2. Während des lockeren Laufens kleine Übungen einstreuen: Hopserlauf, rückwärts und seitwärts laufen, Armkreisen, Kniehebellauf, Fersen ans Gesäß schlagen, Hindernisse überwinden (Slalom, kl. Kästen), auf der Stelle joggen, hochspringen, Boden berühren usw.

3. Schattenlaufen: Ein Kind läuft vor und ein anderes Kind läuft im Abstand von ca. 2 Metern hinterher. Die Schüler wechseln sich ab.

4. Linienlaufen: Alle Schüler laufen auf den Linien des Hallenbodens. Auf Zuruf des Lehrers laufen alle Schüler rückwärts, seitwärts, im Hopserlauf, langsam, schnell usw. Wer eine Linie verlässt, muss eine kurze Pause machen.

5. Katze und Königsmaus: Der Lehrer sucht einen freiwilligen Fänger aus: die Katze. Die Katze geht für einen kurzen Moment aus der Halle. Währenddessen bestimmt der Lehrer eine freiwillige Königsmaus aus allen restlichen Mäusen. Die Katze muss versuchen, so viele Mäuse wie möglich zu fangen und hoffen, dass sie zufällig auch die Königsmaus fängt. Gelingt ihr das in einer Minute, hat die Katze gewonnen. Wird die Königsmaus nicht gefangen, haben alle Mäuse gewonnen. Gefangene Mäuse setzen sich bis zum Spielende auf die Bank.

6. Hundehüttenfangen: Der Lehrer sucht einen Fänger aus. Die restlichen Schüler sind Hunde auf zwei Beinen und verteilen sich in der Sporthalle. Berührt der Fänger einen Hund, bleibt er auf der Stelle stehen. Er bildet mit seinen Händen ein „Dach" auf seinem Kopf und stellt die Beine auseinander (= Hundehütte). Der gefangene Hund kann befreit werden, indem ein anderer, freier Hund von vorne durch die Beine krabbelt. Nach ca. 1 Minute stoppt der Lehrer das Spiel, sucht einen neuen Fänger aus und das Spiel beginnt von neuem.

7. Kettenfangen: Der Lehrer sucht einen freiwilligen Fänger aus. Sobald der Fänger einen der restlichen Schüler gefangen hat, halten sich beide an einer Hand. Nun fangen die zwei zusammen, bis sie wieder einen Schüler berührt haben. So wächst die Kette und wird immer länger. Gewonnen haben die letzten fünf nicht gefangenen Schüler.

8. Sanitäter: Der Lehrer sucht einen freiwilligen Fänger aus und bestimmt ein kleines, durch Linien markiertes Feld am Hallenrand (= Krankenhaus). Wer vom Fänger berührt wird, legt sich „verletzt" auf den Hallenboden und ruft laut: „Sanitäter!" Nun tragen vier freie Läufer den Verletzten ins „Krankenhaus". Dabei fasst jeder einen Arm oder ein Bein an. Die vier Helfer dürfen dabei nicht gefangen werden. Nach zwei Minuten wird ein neuer Fänger bestimmt.

3.4 Stretching

Diese zehn Übungen dehnen den gesamten Körper. Sie sollten nach einer Aufwärmphase (siehe S. 10-11 „Aufwärmen“) vor den Leichtathletik-Übungen und -Spielen, aber auch nach den Leichtathletik-Übungen und -Spielen mit der gesamten Gruppe im Kreis durchgeführt werden. Dabei sollten Sie dies beachten:

1. Planen Sie vor und nach dem „Leichtathletik-Training“ je 5–10 Minuten für das Dehnen (und Aufwärmen) ein.
2. Jede Übung sollte 20–30 Sekunden gehalten werden, also nicht dabei bewegen.
3. Die Schüler sollten auf genaue Bewegungsausführung achten.
4. Es sollte ein leichtes Ziehen (Dehnungsreiz), aber kein Schmerz zu spüren sein.
5. Nach jeder Dehnübung auf der Stelle den gesamten Körper kurz auflockern.
6. Sie können jede Dehnübung nach dem zwischenzeitigen Auflockern 2–3 Mal wiederholen.
7. Lassen Sie auch Schüler die folgenden oder andere Dehnübungen vormachen.

1. Dehnübung
Der rechte Unterschenkel wird nach hinten gehoben und man greift den rechten Fuß mit der rechten Hand. Das Becken wird nach vorne geschoben, bis man einen Dehnungsreiz an der Oberschenkelvorderseite und der Hüfte spürt. Man wechselt danach die Beine. Mit der anderen Hand kann man sich an einem Partner abstützen, um sicher zu stehen.

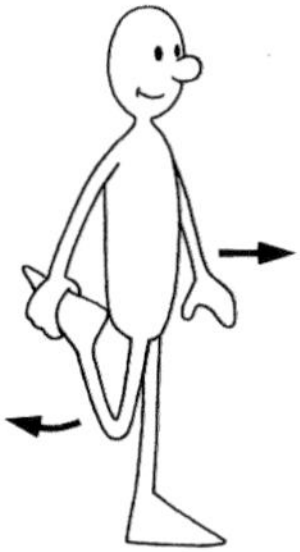

2. Dehnübung

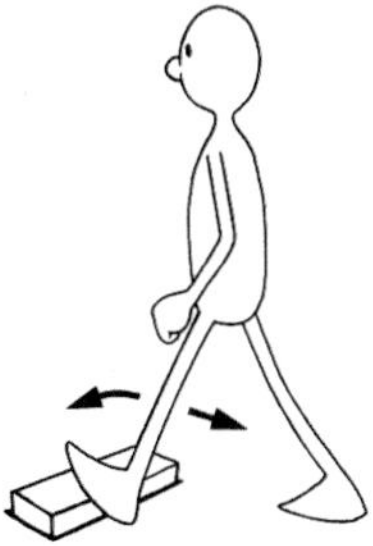

Die linke Fußspitze wird auf eine Stufe oder vor eine Wand gestellt, wobei die linke Ferse noch den Boden berührt. Das rechte Bein wird durchgestreckt und der Oberkörper nach vorne bewegt, bis man einen Dehnungsreiz in der Wade des hinteren Beines spürt. Man wechselt danach die Beine.

3. Dehnübung

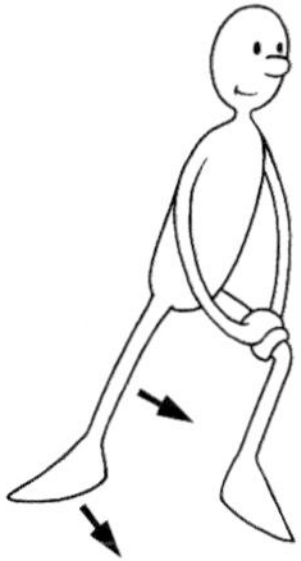

In Schrittstellung wird der hintere Fuß in einem 90-Grad-Winkel zum vorderen Fuß gestellt. Das Körpergewicht wird auf das vordere Bein verlagert und das hintere Bein wird durchgestreckt, bis man einen Dehnungsreiz an der Oberschenkelinnenseite spürt. Man wechselt danach die Beine.

4. Dehnübung

Man setzt sich auf den Boden und das linke Bein wird ausgestreckt. Das rechte Bein wird angewinkelt und links neben das linke Knie gestellt. Mit der rechten Hand wird das rechte Knie Richtung linker Schulter gedrückt, bis man einen Dehnungsreiz im Gesäßmuskel spürt. Man wechselt danach die Beine.

5. Dehnübung

Man setzt sich auf den Boden und begibt sich in den Schneidersitz. Der Oberkörper und die Hände werden langsam in die Höhe gestreckt. Danach legt man den Oberkörper und die Arme auf die Beine ab und wiederholt dann wieder das Strecken. So werden die Wirbelsäule und Rückenmuskulatur gestreckt.

6. Dehnübung

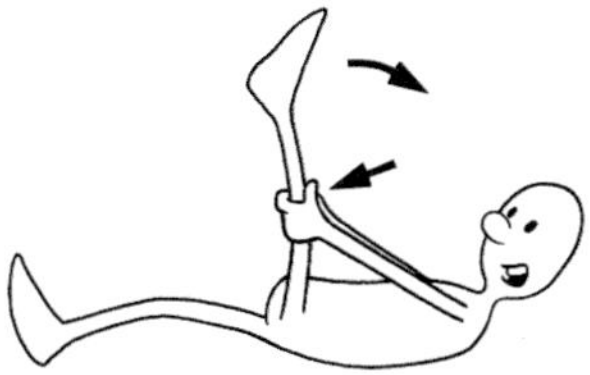

Man legt sich auf den Rücken. Kopf und Schultern werden leicht angehoben und das linke, gestreckte Bein mit den Händen zum Oberkörper gezogen, bis man einen Dehnungsreiz im Oberschenkel spürt. Man wechselt danach das Bein.

7. Dehnübung

Im Stehen werden die Arme über den Kopf gestreckt. Die Arme werden langsam abwechselnd seitlich nach links und rechts gezogen, wobei der Oberkörper und die Hüfte sich nicht nach vorne bewegen sollten. Die Hüfte wird in die entgegengesetzte Richtung gedrückt. Zur Unterstützung sollte man mit dem unteren Arm den oberen Arm leicht zur Seite ziehen, bis man einen Dehnungsreiz im seitlichen Rumpf, den Schultern und Armen spürt.

8. Dehnübung

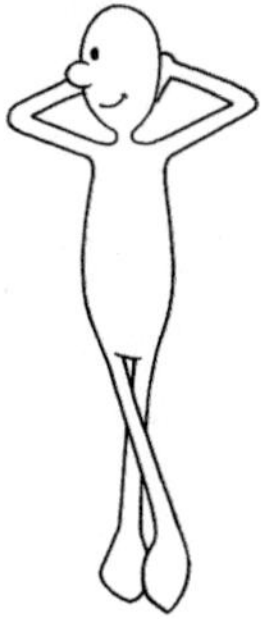

Die Beine werden über Kreuz gestellt und die Hände im Nacken verschränkt. Der Oberkörper wird langsam nach rechts, dann zurück in die Ausgangsstellung und danach langsam nach links gedreht, bis man einen Dehnungsreiz im Oberkörper spürt. Nach mehrmaligem Drehen wechselt man die Überkreuz-Stellung der Beine.

9. Dehnübung

Die rechte Hand wird auf die linke Schulter gelegt. Mit der linken Hand wird der Ellbogen in Richtung linke Schulter gedrückt, bis man einen Dehnungsreiz in Arm und Schulter spürt. Dabei bleibt der Kopf gerade und die Schultern werden nicht nach oben gezogen. Man wechselt danach die Arme.

10. Dehnübung

Der rechte Arm wird hinter dem Kopf gebeugt und die rechte Hand liegt locker zwischen den Schulterblättern. Die linke Hand drückt den rechten Ellbogen Richtung Boden, bis man einen Dehnungsreiz in Schulter und Arm spürt. Kopf und Oberkörper bleiben dabei gerade. Man wechselt danach die Arme.

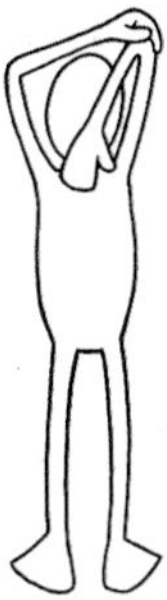

Und das Auflockern zwischendurch nicht vergessen:

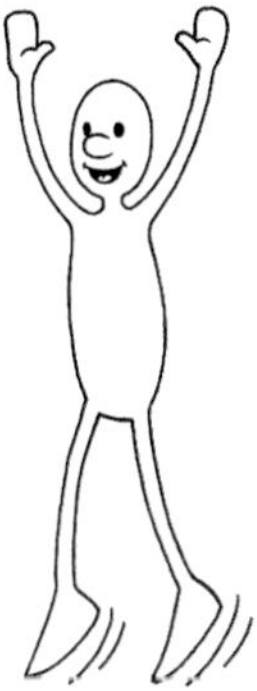

3.5 Unfallverhütung

Besprechen Sie mit Schülern mögliche Gefahrenstellen in der Turnhalle oder auf dem Rasen, Unfallursachen und die Unfallverhütung!

Unfallverhütung beim Laufen:

1. Zu Beginn stets locker warmlaufen!
2. Beim Laufen nicht überanstrengen! Jedes Kind läuft im eigenen Tempo. Auf gleichmäßiges Tempo beim ausdauernden Laufen achten!
3. Genügend Trink- und Ruhepausen ermöglichen!
4. Die Schüler sollten sich beim ausdauernden Laufen unterhalten können, ohne außer Atem zu geraten!
5. Bei Laufspielen nur ein Kind fangen lassen, um die Gefahr von Zusammenstößen zu minimieren!
6. Bei Laufübungen auf klare Laufwege achten. Nie die Laufbahn betreten!

Unfallverhütung beim Werfen:

1. Bei Abwurfspielen sollten nur Softbälle verwendet werden!
2. Bei Abwurf-Lauf-Spielen nur ein Kind abwerfen lassen, um die Gefahr von Zusammenstößen zu minimieren!
3. Bei Abwurf-Spielen zählen nur Körpertreffer, keine Kopftreffer!
4. Bei Passübungen genügend Abstand zwischen den Gruppen einhalten!
5. Bei Weitwurfübungen dürfen sich keine Personen im Wurfraum befinden!
6. Bei Wurfübungen stets nach vorne werfen!
7. Bei Weitwurfübungen sollten die Wurfgeräte erst zurückgeholt werden, wenn alle geworfen haben!

Unfallverhütung beim Springen:

1. Zu Beginn stets locker aufwärmen!
2. Sprungzonen stets mit Matten sichern!
3. Als Landezonen in der Halle Niedersprungmatten oder eine mit kleinen Matten abgedeckte Weichbodenmatte benutzen!
4. Übungen mit Trampolin und Sprungbrett stets vormachen lassen!
5. Bei komplexen Sprungübungen zuerst langsamen Ablauf ermöglichen!
6. In Anlaufzonen darf sich niemand aufhalten außer der Springer!
7. Nach dem Springen die Landezone zügig verlassen und an der Seite zurücklaufen!

4. Leichtathletik

4.1 Laufen

Das Lauf-ABC

1. Fußgelenksarbeit

Die Fersen werden auf der Stelle abwechselnd nach oben geführt. Die Vorfüße bleiben währenddessen auf dem Boden. Die angewinkelten Arme bewegen sich mit und unterstützen die Fußgelenksarbeit.

2. Skippings (Kniehebelauf)

Die Knie werden abwechselnd und sehr schnell nach oben gebracht – entweder auf der Stelle oder in der Vorwärtsbewegung. Der Oberschenkel des Schwungbeins und der Oberkörper bilden einen 90°-Winkel am höchsten Punkt. Die Arme bewegen sich abwechselnd mit und unterstützen den Kniehebellauf.

3. Anfersen

Die Fersen schwingen abwechselnd bis zum Gesäß, das angewinkelte Knie zeigt nach unten. Der Oberkörper ist leicht nach vorne gebeugt.

4. Hopserlauf

Die Knie werden abwechselnd kraftvoll nach oben gezogen. Der Oberschenkel des Schwungbeins und der Oberkörper bilden einen 90°-Winkel am höchsten Punkt. Die Arme schwingen gegengleich und abwechselnd nach oben mit, nicht nach vorne! Man landet auf dem Absprungbein.

5. Sprunglauf

Beim Sprunglauf springt man in die Weite. Das hintere Bein wird gestreckt, während das andere Bein nach vorne schwingt, nicht nach oben! Die Arme schwingen gegengleich und abwechselnd nach vorne mit, nicht nach oben! Während der Flugphase ist der Oberschenkel des Schwungbeins waagerecht. Man landet auf dem Bein, mit dem man nicht abgesprungen ist.

Fußgelenksarbeit:
Diese Übung sollte im Stehen durchgeführt werden.

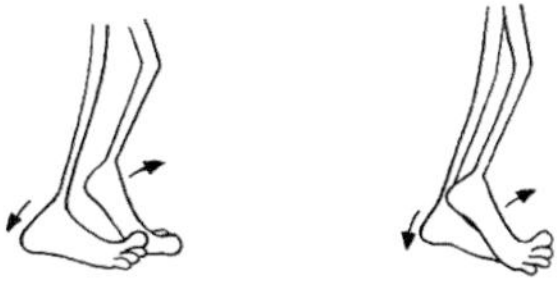

Skippings, Anfersen, Hopserlauf, Sprunglauf:
Es empfiehlt sich, die Schüler langsam im Kreis gehen zu lassen und zwischendurch die Übungen durchzuführen, erst später im Laufen.

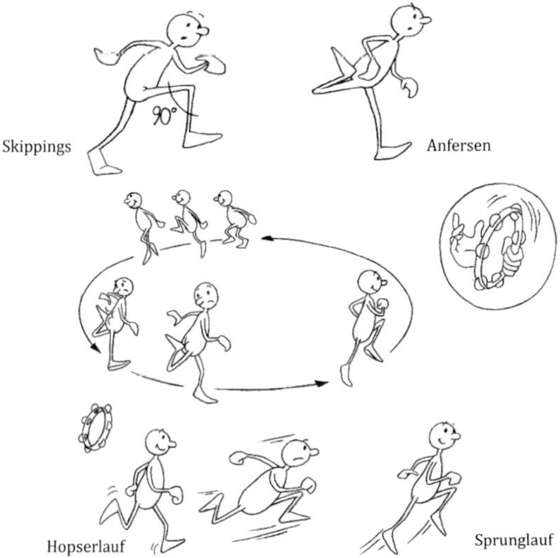

6. Seitschritte

Die Bewegungsrichtung ist seitlich, die Beine werden abwechselnd gespreizt und wieder angezogen (wie beim „Hampelmann“). Die kleinen Seitschritte werden schnell gemacht.

7. Rückwärtslaufen

Man steht mit dem Rücken in Laufrichtung. Zuerst sollte man rückwärts gehen, dann mit kurzen Schritten langsam laufen oder langen Schritten schnell laufen. Die angewinkelten Arme werden abwechselnd nach hinten bewegt. Zwischendurch sollte man nach hinten schauen, um einen Zusammenstoß zu vermeiden!

8. Steigerungslauf

Man läuft in langsamem Tempo los, steigert das Lauftempo bis zum Sprint. Ein Steigerungslauf in der Halle sollte über eine Distanz von 1-2 Runden und draußen über eine Distanz von 50-100 Metern durchgeführt werden.

Ein guter Trainingseffekt wird erzielt, wenn diese Übungen regelmäßig durchgeführt werden.

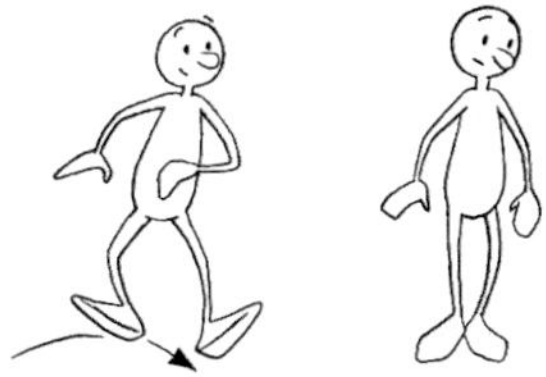

Seitschritte

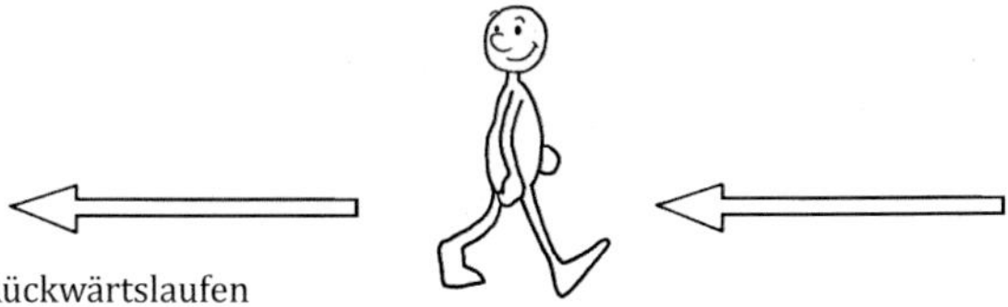

Rückwärtslaufen

Steigerungslauf

Pulsmessung

Schüler können ihren Puls nach Übungen messen. Das Messen sollte gemeinsam geübt werden: die Messstellen (Handgelenk und Hals) und der Messzeitraum (1 Minute). Auf ein Startzeichen zählen die Schüler leise ihre Pulsschläge, über die sie sich austauschen.

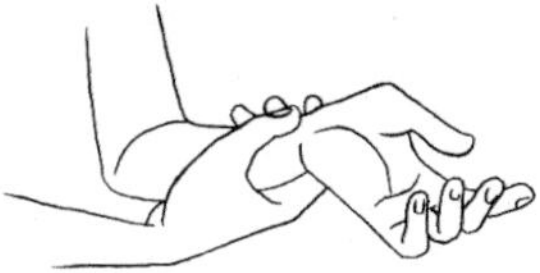

Mit allen Sinnen laufen

Um körperliche Veränderungen (Pulsschlag, Atmung, Hautfärbung, Schweißbildung…) bewusster wahrzunehmen, erhalten die Schüler beim Laufen kleine Beobachtungsaufgaben:

1. Beobachte, wie sich deine Arme, Beine usw. beim Laufen bewegen. Wie läufst du am besten?

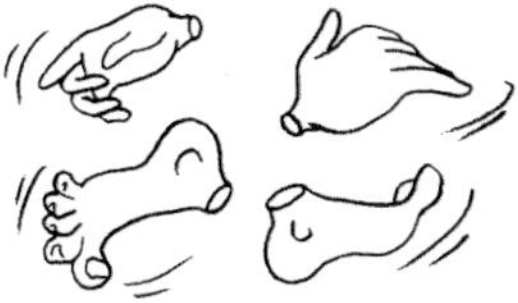

2. Was hast du beim Laufen gefühlt: zu Beginn, zwischendurch und am Ende?

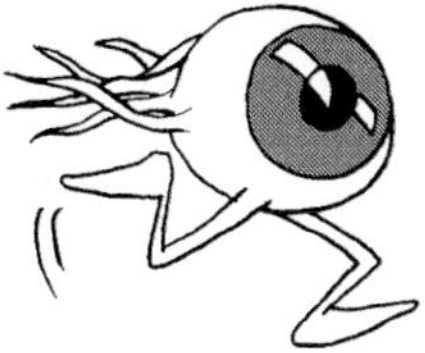

3. Was hast du beim Laufen gehört?

4. Was hast du beim Laufen gerochen?

Laufe und achte auf Puls und deine Sinne!
Die Schüler laufen nach Musik oder Tamburinschlägen im Kreis, durcheinander oder auf den Hallenlinien. Dabei machen sie bestimmte Laufbewegungen: Hopserlauf, seitwärts, rückwärts, anfersen usw. Achte dabei auf deinen Puls und deine Sinne.

Lauf mal anders!

Die Schüler laufen, wie sie möchten und nach Anweisung: langsam, schnell, schleichen, laut, leise, auf den Fersen oder Ballen usw.

Band-Fänger

2–3 Schüler mit Parteibändern sind die Fänger. Die Fänger versuchen, die restlichen Schüler zu fangen, wobei alle über die Hallenlinien laufen müssen. Wird ein Schüler gefangen, erhält er das Parteiband und ist der neue Fänger.

Rettungshütchen

4–6 Hütchen werden in der Halle verteilt. Ein Fänger versucht, ein anderes Kind zu berühren. Gelingt ihm das, ist das berührte Kind der neue Fänger. Die Schüler können einen Fuß auf ein Hütchen stellen, sodass sie nicht gefangen werden dürfen.

Hütchen zählen

6–12 Hütchen werden in einem Kreis aufgestellt und die Schüler stellen sich um den Hütchen-Kreis. Alle laufen los und zählen die Hütchen. Wer schafft es, 40, 60 oder sogar 100 Hütchen zu zählen? Die Schüler dürfen zwischendurch gehen. Wer fertig ist, erholt sich in der Kreismitte.

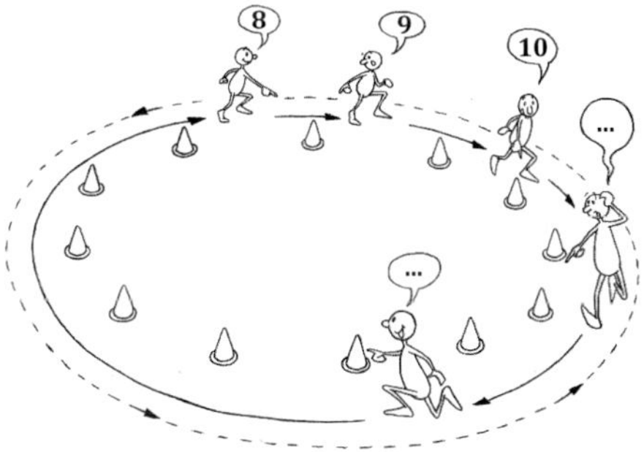

Bankwächter

2–4 Langbänke werden an den Hallenwänden aufgestellt, sodass sie ca. 3 Meter parallel zu einer Wand stehen. Auf jeder Bank sitzt ein Bankwächter. Die restlichen Schüler laufen um alle Bänke herum. Der Bankwächter versucht, aufzuspringen und ein Kind zu fangen. Gelingt ihm das nicht, muss er sich wieder hinsetzen, bevor er erneut aufspringen darf. Gelingt es ihm, ein Kind zu berühren, tauschen die beiden die Rollen.

Kreislauf

Es werden mehrere Gruppen mit 4–6 Schülern gebildet. Jede Gruppe läuft um einen kleinen Hütchen-Kreis mit einem Durchmesser von 5–10 Metern. Irgendwann sprintet der erste Schüler los und versucht, den letzten seiner Gruppe zu fangen. Keiner darf überholen! Macht nach dem Sprint eine Pause und wechselt die Laufplätze.

Hütchen-Übungen

Viele Hütchen werden in der Halle verteilt, wobei ca. 5 Hütchen eine andere Farbe haben als die restlichen Hütchen. Alle Schüler laufen locker durch die Halle und um die Hütchen herum. Auf ein Signal des Lehrers treffen sich die Schüler an den andersfarbigen Hütchen und machen gemeinsam eine selbst gewählte Übung. Auf ein weiteres Signal des Lehrers laufen alle wieder los. Mögliche Übungen: Hampelmann, Strecksprünge, Kniebeugen, auf der Stelle laufen, Liegestütz, Skippings usw.

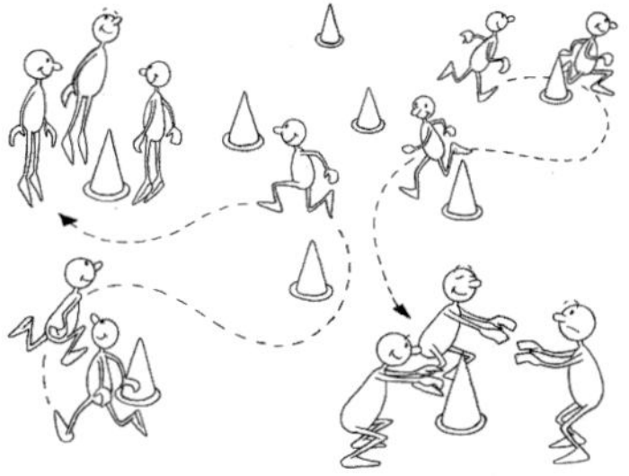

Klassenkette

Lehrer und Schüler bilden eine Kette und fassen sich an die Hände. Der Lehrer läuft los und ändert auch seine Laufrichtung. Wie lange läuft die Gruppe gemeinsam, ohne dass jemand loslässt?

Reiter und Pferd

Zwei Schüler bekommen ein Seil. Der Reiter legt seinem Pferd das Seil um den Bauch, nie um den Hals! Reiter und Pferd laufen durch die Halle, wobei der Reiter Kommandos gibt: links, rechts geradeaus, schnell usw. Auch als Pferdekette möglich!

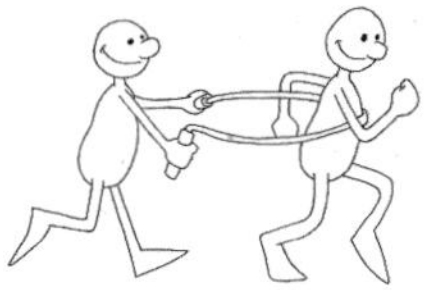

Schatzräuber

Hinter einer Grundlinie der Halle stehen die Räuber und ein umgedrehter Kasten, hinter der anderen Grundlinie gegenüber liegen „Schätze" (Bälle, Säckchen, Hütchen usw.) und in der Mitte stehen 2–4 Polizisten. Die Räuber versuchen nun, die Schätze zu stehlen. Jeder Räuber darf nur einen Schatz mitnehmen und in den Kasten legen. Wird ein Räuber mit Schatz von einem Polizisten berührt, muss er den Schatz wieder zurückbringen und zurück zu seiner Grundlinie gehen. Schaffen es die Räuber innerhalb von 3, 4 oder 5 Minuten, alle Schätze in den Kasten zu legen?

Kettenfangen

Ein Schüler fängt die anderen Schüler. Wenn ein Schüler gefangen worden ist, halten sich beide Schüler an den Händen und fangen nun zusammen. Wenn die Kette aus 4 oder 6 Schülern besteht, teilt sie sich. Der letzte übrig gebliebene Schüler hat gewonnen.

Zahlen suchen

Es werden vier Gruppen gebildet, die hinter einem Hütchen stehen. Am anderen Hallenende liegen Zahlenkarten, die umgedreht, durcheinander und nebeneinander liegen , z.B. 32 Karten = vier Mal die Zahlen von 1 bis 8. Der erste Schüler einer Gruppe läuft auf ein Startsignal des Lehrers zu den Karten und sucht die Karte 1. Karten, auf denen nicht die gesuchte Zahl steht, werden wieder umgedreht. Hat er sie gefunden, läuft er mit der Karte zu seiner Gruppe zurück. Nun läuft der zweite Schüler und sucht die Zahlenkarte 2 usw. Die erste Gruppe, die die komplette Zahlenreihe neben das Hütchen gelegt hat, hat gewonnen.

Lauf-Variationen

Es werden vier Fahnenstangen im Rechteck aufgestellt. Die Schüler verteilen sich auf die Stangen und stellen sich hintereinander. Der Lehrer nennt eine Zahl und Laufart, z.B. 3 und rückwärts. Nun muss die entsprechende Schüleranzahl in der genannten Laufart um das Rechteck laufen. Laufarten: rückwärts, seitwärts, Hopserlauf, Froschsprünge usw. Man kann auch Bälle ins Spiel bringen: prellen, zuwerfen usw.

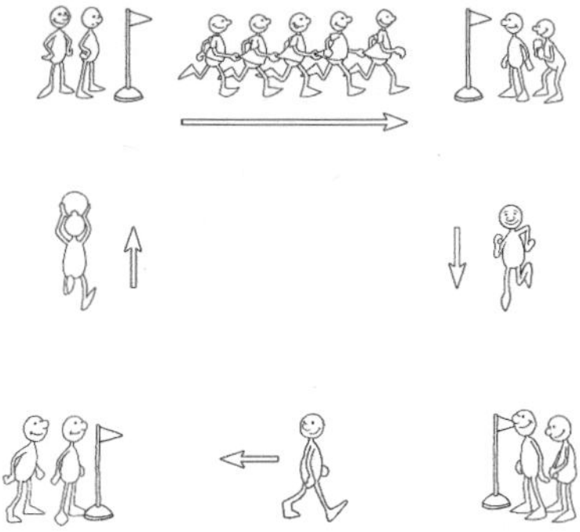

Zuglauf

Ein Zug mit 3–6 Schülern läuft durch die Halle. Auf Zuruf oder bei Pfiff des Lehrers überholt das letzte Kind seinen Zug, setzt sich an die Spitze und gibt das Tempo vor usw.

Memory-Lauf
Jeder Schüler erhält eine Karte. Die Schüler bilden Paare. Der Lehrer schreibt jedem Paar jeweils eine gleiche Zahl auf deren Karten: 1, 1, 2, 2, 3, 3, 4, 4 usw. Die Schüler laufen durch die Halle, legen ihre Karte auf den Hallenboden und laufen weiter. Auf Zuruf oder Pfiff des Lehrers oder des übrig gebliebenen Schülers (bei ungerader Schülerzahl) nimmt jeder Schüler eine Karte und sucht seinen Partner mit der gleichen Karte (Zahl). Der Lehrer macht eine Übung vor, die die Paare nachmachen. Dann laufen die Schüler mit ihrer Karte weiter, legen ihre Karte zwischendurch auf den Boden, laufen weiter und warten auf den nächsten Zuruf des Lehrers oder Schülers. Später können sich die Paare eine eigene Übung ausdenken und durchführen.

Schlangenfangen
Vier Schülerschlangen mit je 2 Schülern fangen die restlichen Schüler. Wer von einer Schlange berührt worden ist, hängt sich auch an diese Schlange. Wenn alle Schüler gefangen worden sind, haben die längsten Schlangen mit den meisten Schülern gewonnen.

Stoppuhr-Staffel

In 4er- bis 6er-Gruppen laufen die Schüler hintereinander. Der Erste gibt das Lauftempo vor. Nach 1 Minute soll die Gruppe den durch Hütchen markierten Bereich erreichen. Dabei hilft ihm eine Stoppuhr. Nun erhält ein anderes Kind die Stoppuhr und gibt 1 Minute lang das Tempo vor. Wenn alle Schüler einmal das Tempo vorgegeben haben, wird eine Pause gemacht.

Würfellauf

In 3er- oder 4er Gruppen wird ein kleiner Laufkreis festgelegt. Der Lehrer legt eine zu laufende Gesamtrundenzahl fest, z.B. 15 Runden. Ein Schüler einer Gruppe würfelt mit einem Würfel eine Zahl. Die restlichen Schüler laufen die gewürfelte Rundenzahl. Nun würfelt ein anderer Schüler der Gruppe usw., bis z.B. insgesamt 15 Runden gelaufen worden sind. Man kann auch Bälle, Hütchen oder Kartons als Sprunghindernisse aufstellen.

Zusammen hin und her

Die Schüler werden in 4, 6, oder 8 etwa gleich große Gruppen aufgeteilt. Jeweils zwei Gruppen stellen sich mit einem Abstand von 7–10 Metern auf. Auf ein Startsignal des Lehrers hin laufen die ersten Schüler zur gegenüberliegenden Gruppe, nehmen dort den ersten Schüler an die Hand. Gemeinsam laufen die zwei zurück, nehmen dort den ersten Schüler an die Hand und laufen gemeinsam zurück usw.

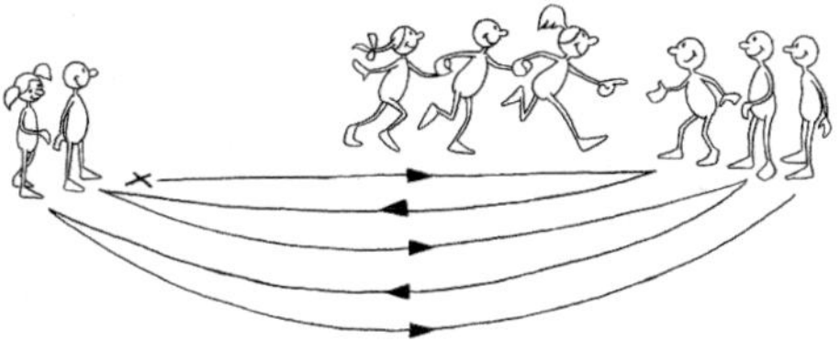

Pendelstaffel

Die Schüler werden in 4, 6, 8 oder 10 etwa gleich große Gruppen aufgeteilt. Jeweils zwei Gruppen stellen sich mit einem Abstand von 7–10 Metern auf. Auf ein Startsignal des Lehrers hin laufen die ersten Schüler zur gegenüberliegenden Gruppe, berühren dort den ersten Schüler, der zur anderen Gruppe läuft. Usw. Gewonnen haben die beiden Gruppen, die als Erste so stehen wie zu Beginn. Es können auch Bälle transportiert oder geprellt werden.

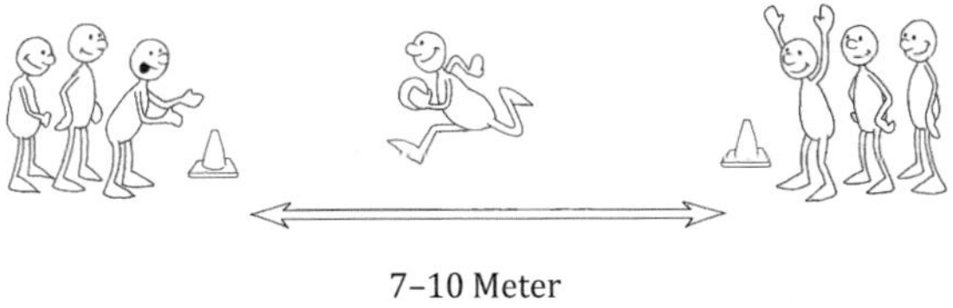

Slalomparcours

Bauen Sie mit Ihren Schülern zusammen einen der Slalomparcours so ähnlich, wie unten abgebildet, auf.
Die Schüler laufen durch den Parcours. Sobald ein Schüler wieder seine Gruppe erreicht hat, läuft der nächste oder das nächste Pärchen los.

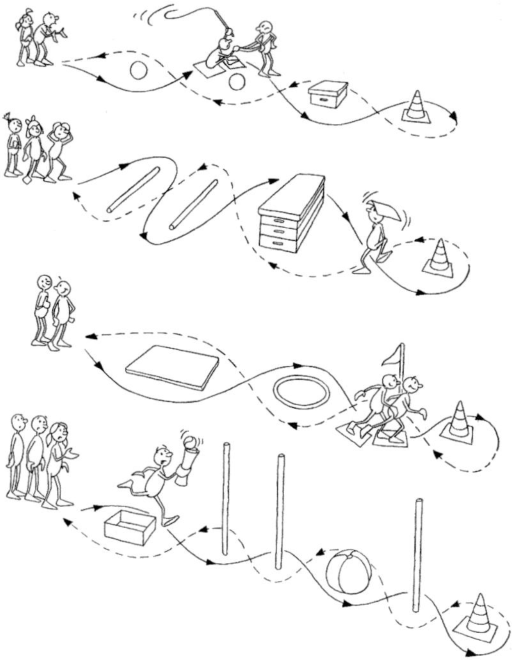

Bild-Staffel

2–4 gleich große Mannschaften laufen eine bestimmte Strecke hin, zeichnen mit einem Kugelschreiber oder Buntstift einen Strich eines vorgegebenen Bildes (Haus, Auto, Baum usw.), laufen zurück und übergeben den Stift an das nächste Kind. Die Mannschaft, die ihr Bild als erste fertig gezeichnet hat, hat gewonnen.

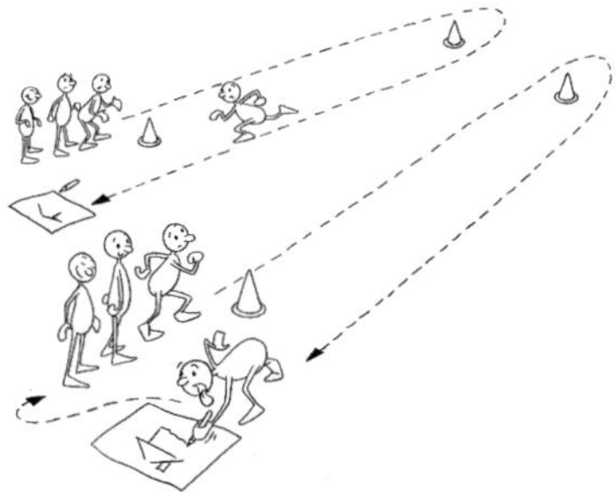

Langbank-Staffel

3–4 gleich große Mannschaften sitzen hintereinander auf Langbänken, die sich in der Hallenmitte berühren. Auf ein Startsignal des Lehrers laufen die jeweils ersten Schüler eine Runde um die Langbänke und setzen sich wieder hinter die letzten Schüler ihrer Mannschaft. Erst dann darf der erste Schüler wieder starten. Die Mannschaft, die als erste wieder so sitzt wie zu Beginn, hat gewonnen.

Drunter und drüber
Mehrere Langkastenteile werden hintereinander auf den Boden gestellt. Die Schüler laufen Slalom, springen darüber oder springen und kriechen durch im Wechsel.

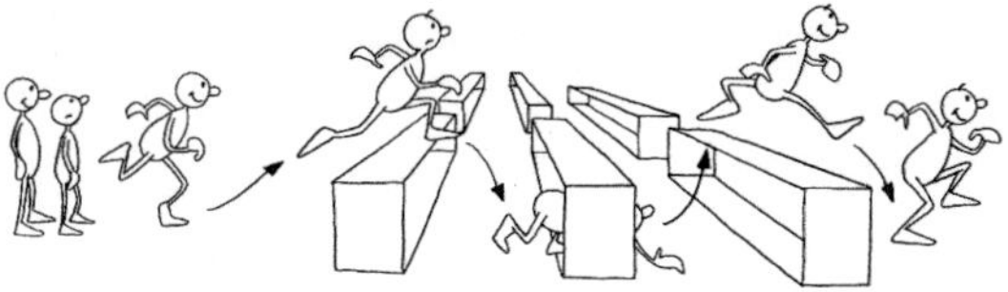

Hindernislauf
Mit Hütchen, Medizinbällen oder Bananenkartons werden Laufparcours aufgebaut. Die Hindernisse der jeweiligen Parcours haben unterschiedliche Abstände. Nach dem selbstständigen Ausprobieren bekommen die Schüler kleine Laufaufgaben: 3er-Laufrhythmus (= links-rechts-links-Sprung oder rechts-links-rechts-Sprung) oder mit einem Zwischenschritt über die Hindernisse laufen...

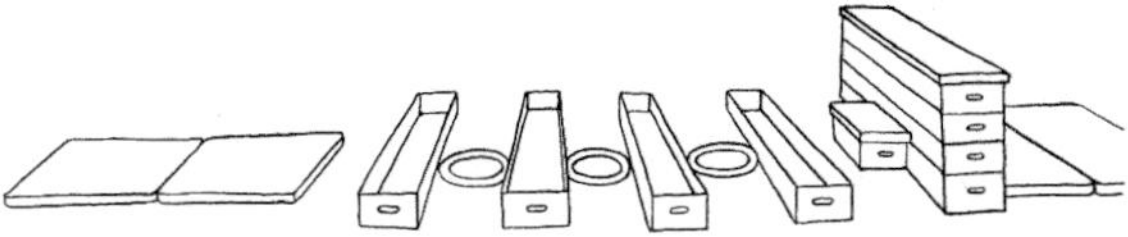

Hindernisparcours 1

Bauen Sie mit Ihren Schülern zusammen einen der Slalomparcours so ähnlich, wie unten abgebildet, auf.

Die Schüler laufen durch den Parcours und dürfen die Hindernisse so überwinden, wie sie möchten.

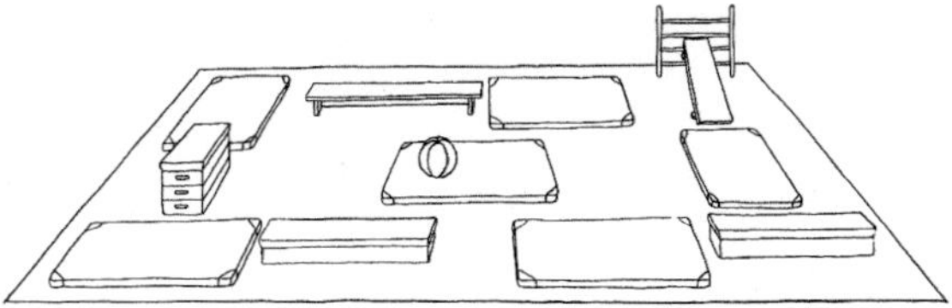

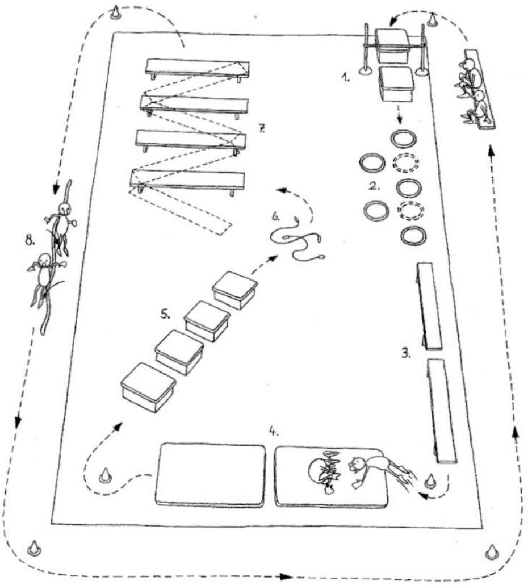

Hindernisparcours 2

Bauen Sie mit Ihren Schülern zusammen einen der Slalomparcours so ähnlich, wie unten abgebildet, auf.

Die Schüler laufen durch den Parcours und dürfen die Hindernisse so überwinden, wie sie möchten.

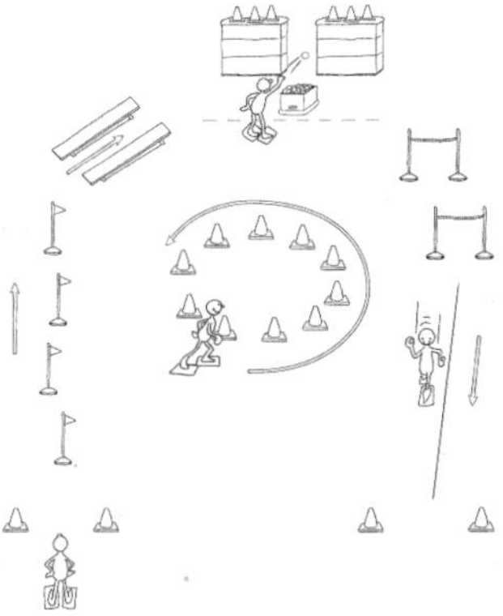

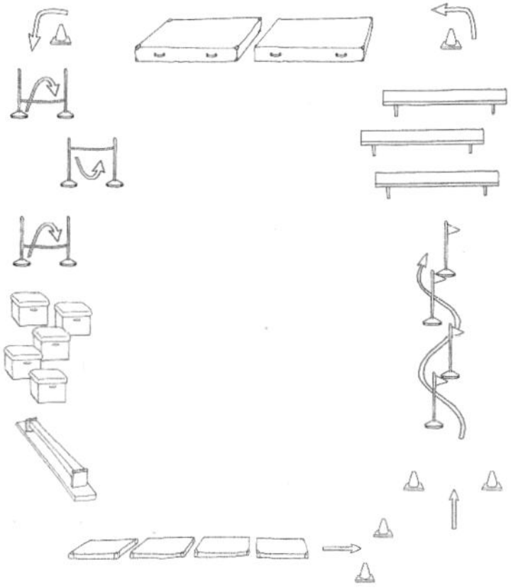

Um die Vorteile des Hoch- und Tiefstarts zu erkennen, sollten die Schüler zuerst aus verschiedenen Lagen lossprinten und eine kurze Strecke von ca. 10 Metern zurücklegen: aus der Bauchlage, aus der Rückenlage, aus dem Sitz, aus der Hocke usw. Danach können Sie mit den Schülern besprechen, welche Ausgangslage warum für einen schnellen Start geeignet war und welche nicht.

Der Hochstart

Der Hochstart eignet sich hauptsächlich für längere Laufstrecken – für Grundschüler ab 100–200 Meter. Ein Bein wird nach vorne gestellt. Mit dem vorderen Bein müssen die Schüler etwas in die Knie gehen. Das Körpergewicht wird auf das vordere Bein gelegt, sodass auch der Oberkörper leicht nach vorne gebeugt wird. Der hintere Fuß wird auf den Ballen gestellt, damit man sich beim Start gut abdrücken kann. Zum Üben stellen sich die Schüler gruppenweise nebeneinander an der Grundlinie auf und führen den Hochstart auf ein Startsignal des Lehrers durch. Nach einigen Metern laufen sie aus und gehen seitlich zurück.

Als Vorübung für den Tiefstart dient der Fallstart. Die Schüler lassen sich mit gestrecktem Körper leicht nach vorne fallen und sprinten dann über eine Strecke von 10 Metern.

Der Tiefstart

Der Tiefstart eignet sich hauptsächlich für kurze Laufstrecken – für Grundschüler bis 100 Meter.

1. Auf das Kommando „Auf die Plätze" gehen die Schüler in die Ausgangsstellung: Die Hände befinden sich auf dem Boden hinter der Startlinie und das stärkere Bein wird nach vorne gestellt.
2. Bei „Fertig" heben die Schüler das Becken.
3. Bei „Los" drückt das vordere Bein den Oberkörper nach schräg vorne. Der Oberkörper richtet sich erst nach 3–5 Metern gerade auf.

Reifen-Fänger
Zwei Schüler nehmen einen Reifen in ihre Mitte und versuchen, andere Schüler damit zu berühren. Ein Schüler, der berührt wurde, nimmt sich einen zweiten Reifen und schließt sich dem Fängerpaar an. Nach dem nächsten Fang teilen sich die 4 Schüler und es gibt zwei Fängerpaare.

Säckchen-Sprint
Die Schüler sitzen im Kreis. Schüler A läuft mit einem Säckchen um den Kreis herum. Sobald er das Säckchen hinter einem Schüler fallen lässt, muss dieser schnell aufstehen und den anderen fangen. Gelingt das Schüler B, bevor Schüler A den freien Platz im Kreis erreicht, muss Schüler A mit dem Säckchen weitere Runden laufen und es wieder fallen lassen. Erreicht Schüler A aber den freien Platz, muss Schüler B mit dem Säckchen laufen.

Reaktionsblinzeln

Auf Kästen und Langbänken sitzt die Hälfte der Schüler. Hinter jedem Schüler steht jeweils ein anderer Schüler. Vor dem Lehrer steht ein freier Kasten. Sobald der Lehrer einem Schüler zublinzelt, muss dieser aufspringen und sich auf dessen Kasten setzen. Nun blinzelt der Schüler mit freiem Kasten einem anderen Schüler zu. Schafft es aber der Schüler dahinter ihn festzuhalten, muss er sitzenbleiben, und der Lehrer blinzelt einem anderen Kind zu.

Schnick, schnack, schnuck!
Die Schüler stehen sich zu zweit an der Mittellinie in einem Abstand von 1–2 Metern gegenüber. Nach dem Spruch „Schnick, schnack, schnuck" zeigen beide entweder „Schere, Stein oder Papier". Regeln: Schere besiegt Papier. Papier besiegt Stein. Stein besiegt Schere. Der Sieger versucht den Verlierer zu fangen, bevor dieser seine rettende Hallenwand erreicht. Wer fängt den anderen öfter bei 10 Schnick-Schnack-Schnuck-Runden?

Keulen-Jäger
Zwei gleich große Mannschaften stehen jeweils an einer schmalen Hallenseite. Jeder Schüler bekommt eine Nummer: 1, 2, 3 usw. In die Mitte wird eine Keule gestellt. Der Lehrer ruft nun eine Nummer, z.B. „5". Der Schüler 5 von Mannschaft A und B versucht, die Keule zu nehmen (= 1 Punkt) und mit ihr zurück zu seiner Mannschaft zu laufen. Gelingt ihm das auch, erhält die Mannschaft einen weiteren Punkt. Wird er aber mit der Keule zuvor gefangen, erhält die Mannschaft des Fängers einen Punkt. Gewonnen hat die Mannschaft mit 20 Punkten. Es ist danach sinnvoll, auf zwei kleinen Feldern mit je 2 Mannschaften zu spielen.

Kreis-Wettrennen
Die Schüler sitzen im Kreis. Ein Schüler läuft um den Kreis herum, tippt einen Schüler an und ruft: „Komm mit!" oder „Lauf weg!" Bei „Komm mit!" versucht der angetippte Schüler, hinterher zu laufen und den anderen zu fangen. Bei „Lauf weg!" rennt der angetippte Schüler in die entgegengesetzte Richtung und versucht, wieder auf den freien Platz im Kreis zu gelangen. Wer gefangen wurde oder später ankommt, wird neuer Kreisläufer.

Starte mal anders!

Die Schüler setzen sich nebeneinander vor eine Hallenwand. Auf ein Startsignal des Lehrers stehen sie schnell auf, sprinten einige Meter und trudeln aus. Die Schüler können vor dem Start auch in die Hocke gehen, knien, liegen, Schubkarre fahren, zu zweit grätschen usw.

Namen-Reaktion

Die Schüler legen sich in Bauchlage in einen Kreis. Der Lehrer steht in der Mitte und ruft zwei Namen. Die beiden Schüler stehen schnell auf und tauschen die Plätze. Die Schüler können auch sitzen oder auf dem Rücken liegen.

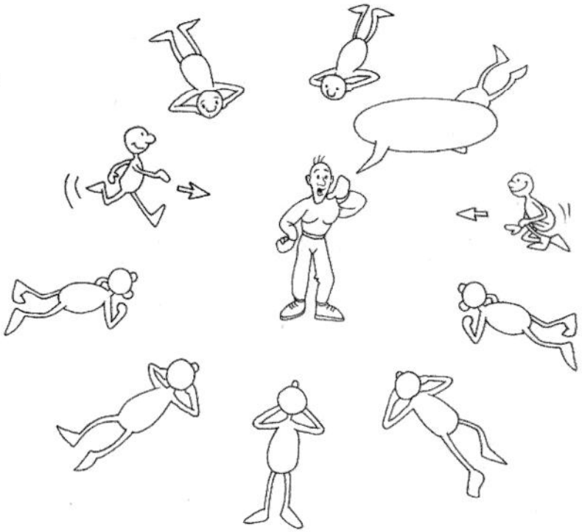

Polizist und Dieb

Jeweils zwei Schüler bekommen ein Seil. Jeder hält das Seil an einem Ende fest. Der Polizist läuft hinter dem Dieb her. Sobald der Dieb das Seil loslässt, flüchtet er und der Polizist versucht ihn zu fangen. Gelingt ihm das, tauschen sie die Rollen. Gelingt ihm das nicht, erhält der Dieb einen Punkt und sie tauschen die Rollen. Wer hat nach 5 Durchgängen die meisten Punkte?

Rot und blau

Zwei Mannschaften setzen sich Rücken an Rücken entlang der Mittellinie: die rote und die blaue Mannschaft. Ruft der Lehrer „Rot!", müssen die roten Schüler flüchten und versuchen, die rettende Hallenwand zu erreichen. Denn die blauen Schüler versuchen, die roten Schüler zu fangen, bevor sie die Hallenwand erreichen. Alle gefangenen Schüler wechseln zur anderen Mannschaft. Beide Mannschaften setzen sich dann wieder an die Mittellinie und der Lehrer ruft eine Farbe.

Hase und Jäger

Ein Schüler ist Jäger und ein anderer Hase. Die restlichen Schüler stellen sich zu zweit zusammen. Der Jäger fängt den Hasen. Gelingt ihm das, wird der Jäger zum Hasen und der Hase zum Jäger. Der Hase kann sich retten, indem er sich neben einen anderen Schüler stellt. Das andere Kind des Pärchens wird dann zum Jäger und der Jäger zum Hasen. Die Pärchen können während des Spiels auch sitzen.

Karten-Lauf

Die Schüler laufen durch die Halle. Wenn der Lehrer die rote Karte zeigt, bleiben sie stehen. Zeigt der Lehrer die gelbe Karte, erhöhen sie ihr Tempo. Zeigt der Lehrer die grüne Karte, sprinten die Schüler. Verschiedene Laufarten berücksichtigen: rückwärts, seitwärts, Hopserlauf usw.

4.2 Werfen

Das Wurf-ABC

Mit verschiedenen Bällen kann man alleine, zu zweit oder in der Gruppe so werfen:

- nach oben
- nach unten
- nach vorn
- nach hinten
- einarmig
- beidarmig
- im Stand
- im Sitzen
- aus dem Gehen
- aus dem Laufen
- im Spiel
- in der Halle
- im Freien
- auf starre Ziele
- auf bewegliche Ziele

Diese genannten Wurfübungen werden auf den folgenden Seiten spielerisch geübt.

Wurfstationen

Bauen Sie mit Ihren Schülern zusammen mehrere Stationen so ähnlich, wie unten abgebildet, auf. Die Schüler suchen sich ihre Wurfstationen aus.

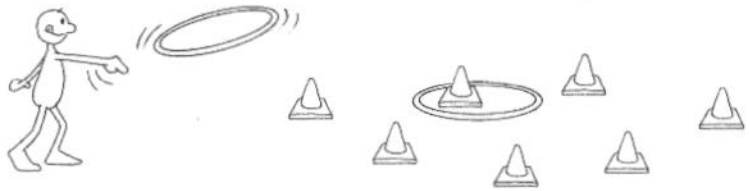

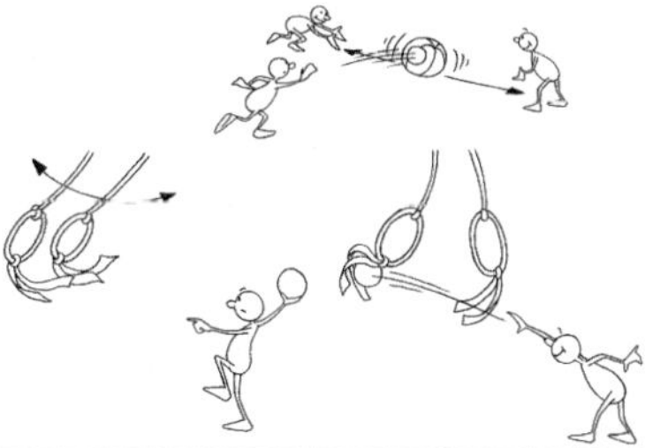

Wurfstationen

Bauen Sie mit Ihren Schülern zusammen mehrere Stationen so ähnlich, wie unten abgebildet, auf. Die Schüler suchen sich ihre Wurfstationen aus.

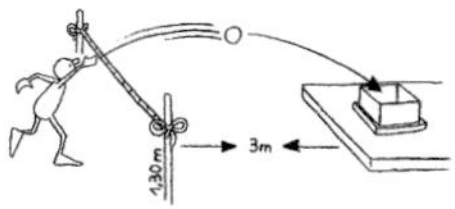

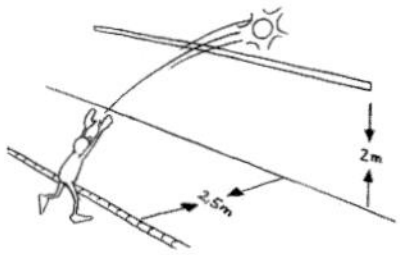

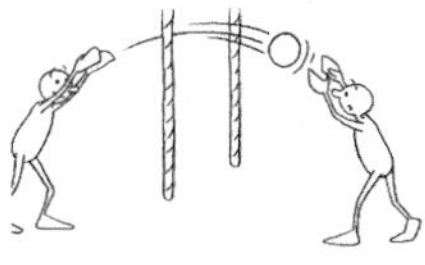

Wurfstationen

Bauen Sie mit Ihren Schülern zusammen mehrere Stationen so ähnlich, wie unten abgebildet, auf. Die Schüler suchen sich ihre Wurfstationen aus.

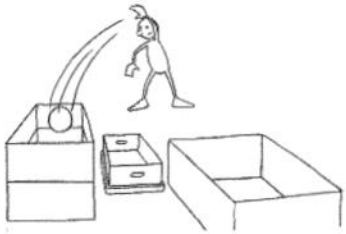

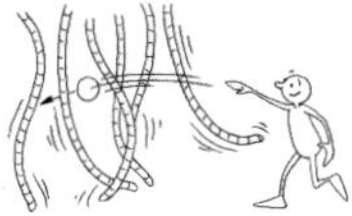

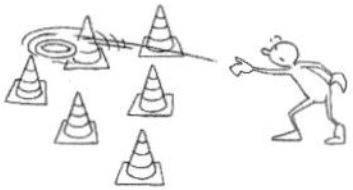

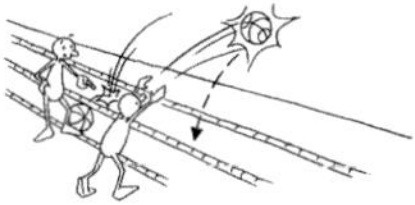

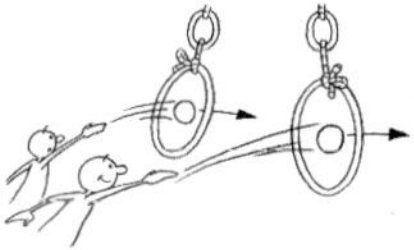

Schutzball

3–6 Schüler erhalten einen großen Gymnastikball oder leichten Medizinball. Die restlichen Schüler versuchen, den Körper der Schüler mit 3–4 Softbällen zu treffen. Kopftreffer zählen nicht! Mit den Schutzbällen versuchen die 3–6 Schüler dies zu verhindern. Wenn ein Schüler am Körper getroffen wird, tauschen sie die Rollen.

Balltreiber

Hinter zwei Langbänken, die einen Abstand von 8–10 Metern haben, stehen jeweils 4–8 Schüler (Mannschaft A und B). Ein Medizinball wird genau in die Mitte zwischen den Langbänken gelegt. Auf ein Startsignal des Lehrers hin versuchen nun die Mannschaften, den Medizinball durch gezielte Würfe mit ihren Hand- oder Gymnastikbällen auf die gegnerische Langbank zuzutreiben. Sobald der Medizinball die Langbank von A berührt, hat B gewonnen (und umgekehrt). Es empfiehlt sich, 2–3 „Langbank-Spielfelder" aufzubauen. So können alle Schüler gleichzeitig spielen.

Oder man bildet 4 Mannschaften, die hinter 4 Langbänken stehen. Sonst gelten die gleichen Regeln wie oben.

Nummern-Werfen

Es werden zwei Gruppen gebildet, die sich in einer Hallenhälfte aufstellen. Jeder Schüler einer Gruppe erhält vom Lehrer eine Nummer: 1, 2, 3, 4 usw. Jede Gruppe erhält einen Ball und läuft in Ihrer Hälfte durcheinander. Schüler 1 wirft den Ball zu Schüler 2, Schüler 2 zu Schüler 3 usw. Der letzte Schüler wirft wieder zu Schüler 1. Welche Gruppe schafft es, sich den Ball öfter zuzuwerfen, ohne dass der Ball herunterfällt?

Zombieball

Alle Schüler verteilen sich in der Halle. Der Lehrer wirft zwei Softbälle hinein. Die Schüler, die die Bälle bekommen, versuchen nun, andere Schüler abzuwerfen. Dabei dürfen sie drei Schritte machen, bevor sie werfen. Trifft nun Ballbesitzer A Schüler B, muss sich dieser abgeworfene Schüler B merken, wer ihn abgeworfen hat (hier A) und setzt sich auf die Bank. Wird nun A von einem anderen Schüler C abgeworfen, darf B wieder mitmachen und A setzt sich auf die Bank und muss

warten, bis ein Schüler den Schüler C abwirft. Die Ballbesitzer können sich nicht gegenseitig abwerfen. Und gefangene Bälle zählen nicht als Treffer. Die Fänger dürfen aber wieder abwerfen.

Abwerfen

Es werden zwei Mannschaften A und B mit je 8–15 Schülern gebildet. Die Schüler von A versuchen, nacheinander und mit ausreichend Abstand über eine Gerätebahn zu laufen, ohne von den Schülern B mit weichen Bällen abgeworfen zu werden. Gefangene Bälle zählen nicht als Treffer! Wechselt. Haben beide Mannschaften geworfen und sind beide gelaufen, ist ein Durchgang beendet. Welche Mannschaft hat mehr trefferfreie Schüler nach einem, zwei oder drei Durchgängen: A oder B?

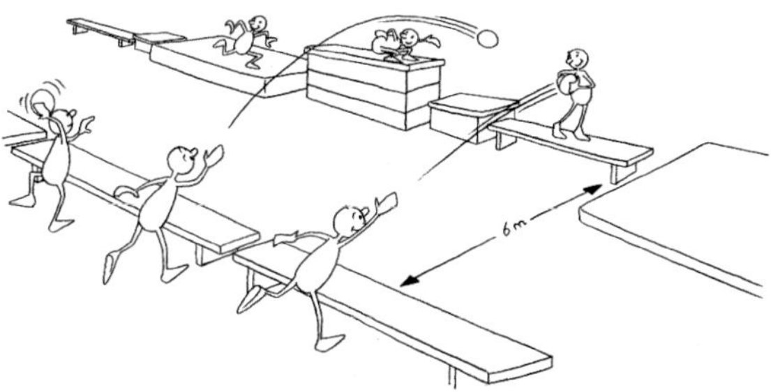

Ball-Brückenwächter

2–4 Schüler stellen sich auf die Mittellinie (= Brückenwächter). Die restlichen Schüler stellen sich vor eine schmale Hallenwand. Der Lehrer nennt nun Schüler mit bestimmten Merkmalen, die von der einen Hallenwand zur anderen rennen sollen, bis kein Schüler mehr vor der einen Hallenwand steht, z.B.: „Es rennen zuerst alle Kinder mit schwarzen T-Shirts!" Die Brückenwächter dürfen sich nur seitwärts auf der Linie bewegen, um die Schüler mit einem weichem Ball abzuwerfen. Vom Brückenwächter getroffene Schüler werden auch zu Brückenwächtern und stellen sich mit einem weichen Ball auch auf die Linie. Die restlichen Schüler versuchen dann wieder, gruppenweise von der einen Hallenwand über die Brücke zur anderen Hallenwand zu rennen. Durch dieses gruppenweise Rennen wird ein Zusammenstoß auf der Brücke zwischen Schülern vermieden. Kopftreffer zählen nicht!

Schnell wie der Wind

Die Schüler bilden Gruppen von mindestens 5 Schülern. Vier Schüler stehen hintereinander, während Schüler A der Vierergruppe gegenüber steht. Schüler A wirft den Ball dem 1. Schüler zu, der den Ball zurückwirft und sich schnell setzt. Schüler A wirft zum 2. Schüler usw., bis alle sitzen. Nun tauscht Schüler A mit dem 1. Schüler die Position und das Werfen, Fangen und Hinsetzen beginnt von neuem, bis alle Schüler der Gruppe einmal vorne standen.

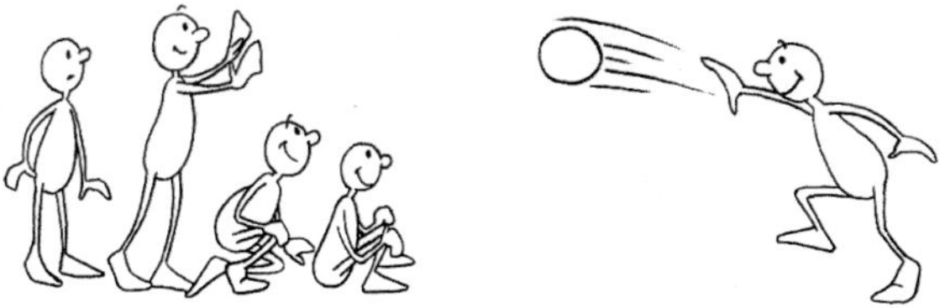

Die Mauer muss weg!

Zwei Weichbodenmatten werden mithilfe des Lehrers zwischen drei großen Kästen aufgestellt. Nun versuchen zwei Mannschaften A und B, die Matten mithilfe von Medizinbällen und Basketbällen umzuwerfen. Dabei dürfen sie eine Abstandslinie (Hallenbodenlinie oder Seilchen) beim Werfen nicht übertreten. Welche Mannschaft wirft eine oder sogar beide Matten um?

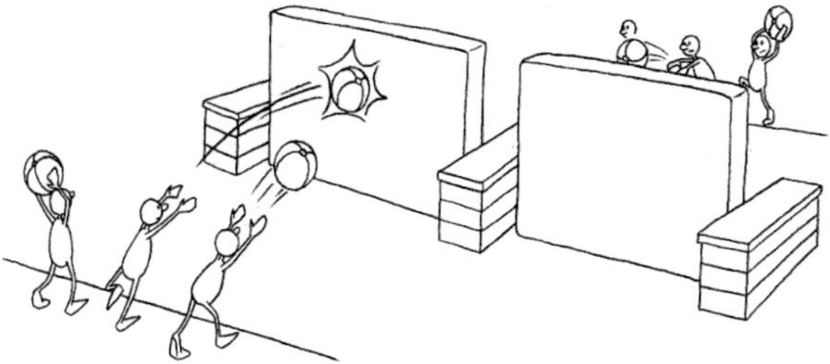

Hütchen-Zielwurf

Die Mannschaften „Rot“ und „Blau“ mit jeweils 3–6 Schülern versuchen, mit Bällen die vier Hütchen der anderen/eigenen Mannschaft von einem hohen Kasten herunterzuwerfen. Welcher Mannschaft gelingt das zuerst?

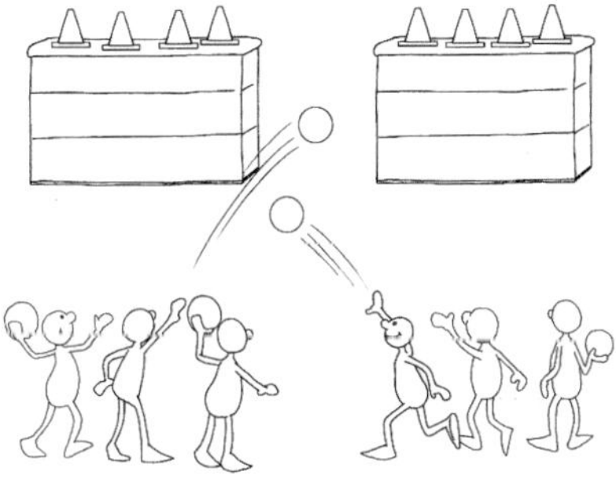

Kreis-Abwerfer

Die Schüler stellen sich im Kreis auf. Ein Schüler stellt sich in die Kreismitte. Die Schüler im Kreis versuchen, mit 1–2 Softbällen den Schüler in der Mitte abzuwerfen. Der Schüler, der den Schüler in der Kreismitte abwirft, tauscht mit ihm.

Langbank-Abwerfer

Bildet zwei gleich große Mannschaften. Mannschaft A stellt sich mit 3–5 Softbällen neben eine Langbank. Mannschaft B stellt sich vor die Langbank, die mit Matten und mit je einem Kasten links und rechts abgesichert ist. Nun laufen die Schüler von Mannschaft B nacheinander über die Bank. Wird ein Schüler am Körper getroffen (Kopftreffer zählen nicht!), setzt er sich an die Seite. Am Ende werden die Schüler gezählt, die über die Bank

gelaufen sind, ohne getroffen zu werden. Danach wechseln A und B. Die Mannschaft mit mehr geretteten Schülern hat gewonnen. Man kann auch mehrere Langbänke aufstellen, sodass man 4–8 Mannschaften bilden kann, oder mehrere Langbänke hintereinander.

Ball-Retter

Der Lehrer sucht einen freiwilligen Jäger aus. Die restlichen Schüler fliehen. Sie können aber nicht gefangen werden, sobald sie einen der 2-4 Softbälle festhalten. Die Schüler dürfen sich die Bälle zuwerfen. Fängt der Jäger jedoch ein Kind ohne Ball, wird dieser Schüler zum nächsten Jäger.

Über Kasten und Matte

Es werden zwei Weichbodenmatten hochgestellt, die links und rechts von je einem hohen Kasten gestützt werden. Mannschaft A steht links von der Mattenwand und Mannschaft B steht rechts von der Mattenwand. Nun werden 4–6 Bälle von Mannschaft A über die Matte geworfen. Mannschaft B darf die Bälle fangen und die Bälle wieder über die Mattenwand zur anderen Mannschaft werfen. Berührt ein Ball den Boden, erhält die Mannschaft im anderen Spielfeld einen Punkt. Gewonnen hat die Mannschaft mit 10 Punkten.

1-2-3-Mattenball

Zwei Mannschaften mit bis zu 6 Spielern spielen gegeneinander. Jeder Spieler bekommt eine Zahl von z.B.1–6. Spieler 1 bewacht Spieler 1 aus der anderen Mannschaft und umgekehrt, Spieler 2 bewacht Spieler 2 aus der anderen Mannschaft und umgekehrt. Usw. Nun muss Mannschaft A versuchen, durch Zupassen des Balls von Spieler 1, über Spieler 2, über 3... über 6, über Spieler 1 usw. zur gegnerischen Matte zu gelangen. Dort muss ein Spieler den Ball auf die Matte legen (= Treffer). Welche Mannschaft hat als erste drei Treffer erzielt? Körperberührungen sind verboten!

Schlagballweitwurf-Technik

1. Schrittstellung: Der Ball wird oberhalb der Schulter gehalten. Der Wurfarm ist weit nach hinten gestreckt. Das Bein der Wurfhandseite ist leicht gebeugt. Das Gegenbein steht weit vorne.
2. Zielen: Mit dem anderen, gestreckten Arm wird das Ziel angepeilt.
3. Anlauf: Der Schüler macht nun drei Schritte. Rechtswerfer: links-rechts-links Linkswerfer: rechts-links-rechts
4. Abwurf: Das gebeugte Bein wird gestreckt. Die Hüfte der Wurfarmseite wird aktiv nach vorne gebracht. Erst dann erfolgt der Ballabwurf im 40–50- Grad-Winkel, indem der Arm am Ohr vorbeizieht. Der Ellenbogen ist hochgestellt.

Zuerst sollte man den Wurf ohne Anlauf üben, später kann man auch mehr als drei Schritte machen.

Drei-Schritt-Rhythmus

Schlagballweitwurf aus der Wurfauslage

Würfe aus der Wurfauslage müssen immer wieder geübt werden. Eine gute Übung stellt das Ballanreichen in den gestreckten Wurfarm dar.

Wurfübungen und Wurfkunststücke

Verschiedene Bälle (Handbälle, Basketbälle, Softbälle usw.) werden hochgeworfen, gegen die Wand geworfen und gefangen. Dabei können sich die Schüler kleine Übungen ausdenken und später vorführen.

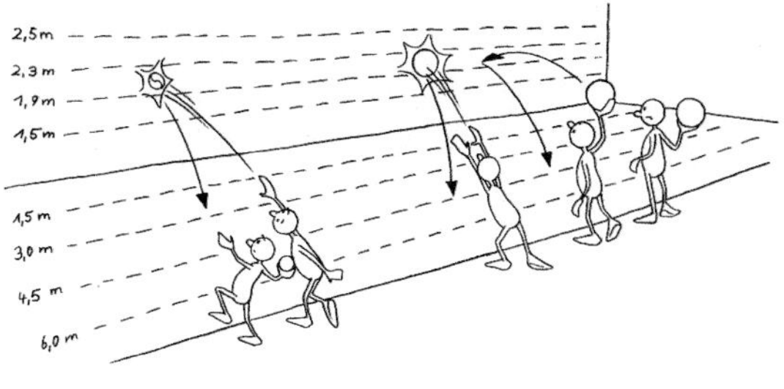

Säckchen werfen

Die Schüler bekommen Sandsäckchen, stellen sich an der Grundlinie auf, üben die Schlagballweitwurf-Technik und werfen das Säckchen in eine bestimmte Zone. Dabei kommt es also nicht auf die Weite, sondern die Technik an. Wenn alle geworfen haben, laufen die Schüler zu den Säckchen und werfen von dort aus in die nächste Zone usw.

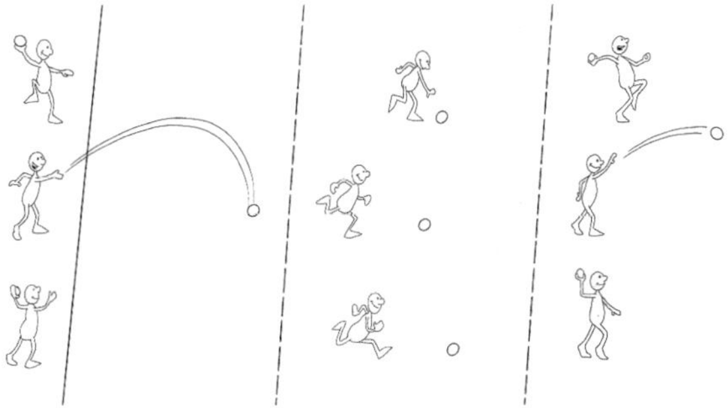

Diskus Handhaltung

Der Diskuswurf in der Schule sollte auf Grunderfahrungen des Drehwurfs mit Ringen oder anderen ungefährlichen Wurfgeräten aufbauen.

Der Diskus/Ring liegt in der Handfläche und wird mit den vier Fingerkuppen gehalten, wobei der Daumen aufliegt.

Übungen zur Gewöhnung an den Diskus/Ring

1. Halten des Gerätes mit den Fingerkuppen; leichtes Hin- und Herschwingen

2. Anschwingen vor dem Rumpf; Hand liegt auf dem Diskus/Ring und wird mit der anderen Hand angehalten

3. Achterkreisen vor dem Körper

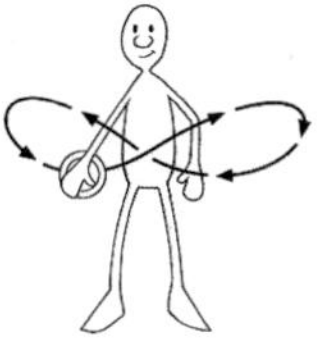

4. Abrollen über die Fingerkuppen

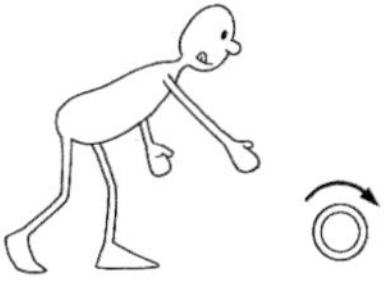

Fahrradreifen und Schleuderbälle

Drehwerfen über Hindernisse, auf Ziele oder zu einem Partner macht die Bewegungsaufgabe noch interessanter. Es ist sinnvoll, einen Gymnastikball in eine Tüte oder in ein Wurfnetz zu packen.

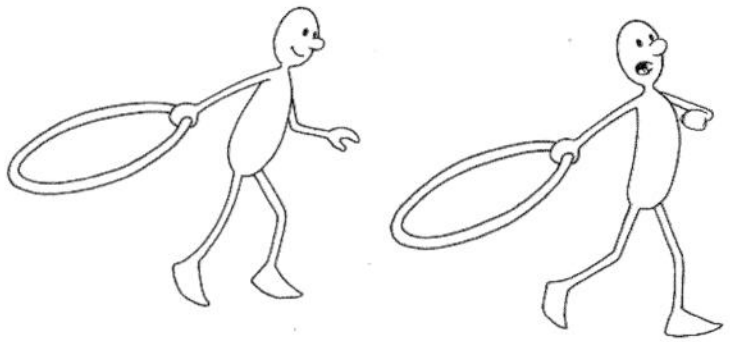

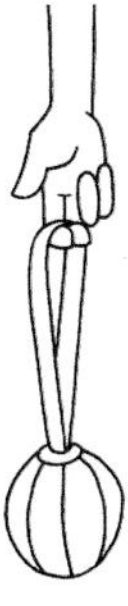

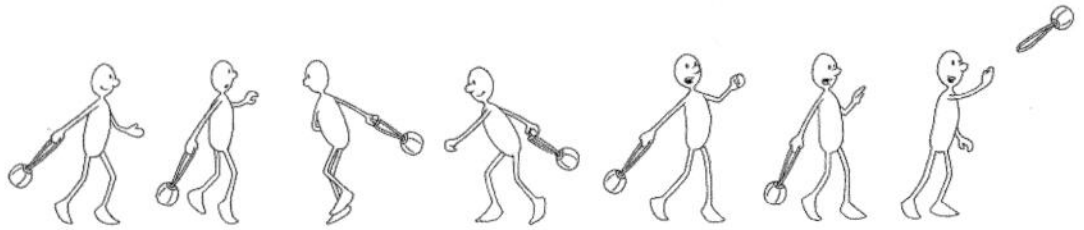

1. Der Schleuderball wird aus dem Stand zum Partner, der etwa in 10–15 Metern Abstand steht, geworfen – erst kurz, dann lang am Band gefasst.

2. Der Schleuderball wird aus der Drehung zum Partner geworfen – erst kurz, dann lang am Band gefasst.
Dies sollte gruppenweise und mit ausreichend Abstand durchgeführt werden, damit nicht korrekt fliegende Bälle keine Schüler treffen.

Die Schüler sollten zuerst mit kurzen, dann langen Gummistäben oder auch Holzstäben üben.
Sicherheitshinweis: Bitte die Schüler in mehrere Wurfgruppen einteilen. Die Gruppen stehen nebeneinander und die Schüler einer Gruppe hintereinander. Nur der jeweilige Gruppenerste hat ein Wurfgerät. Die Wurfgeräte dürfen erst wiedergeholt werden, wenn alle geworfen haben. Dann werfen die jeweils Gruppenzweiten. Usw.

Stab-Gewöhnungsübungen
Die Stab-Gewöhnungsübungen sollen dazu dienen sich mit dem Wurfgerät vertraut zu machen, um ein Gefühl für den Umgang mit dem Stab zu bekommen. Die beim Speer- bzw. Stabwurf benötigten Muskeln der Schulter, Arme und des Rumpfes müssen zuvor aufgewärmt werden.

1. Achterkreisen mit dem Stab: Bei der Bewegungsausführung ist darauf zu achten, dass der Oberkörper in aufrechter Stellung bleibt.
2. Den Stab leicht hin- und herschwingen.
3. Den Stab am Kopf vorbei nach hinten führen.
4. Einhändiges Drehen des Stabes in der Hand.
5. Mit dem hinter dem Kopf geführten Stab gehen und einige Schritte laufen.
6. Den Stab vor die eigenen Füße oder gegen eine hoch gestellte Matte werfen.

Griffarten

Es gibt drei verschiedene Griffarten, die die Schüler mit den Gummi- oder Holzstäben ausprobieren sollten. Dabei sollten die Stäbe in der Mitte gehalten werden:

1. Daumen-Zeigefinger-Griff

2. Daumen-Mittelfinger-Griff

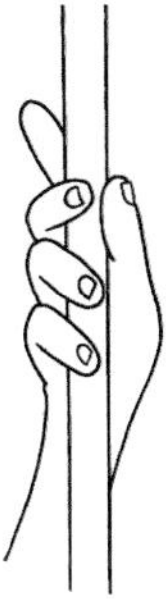

3. Zangengriff

Speerwurf-Technik aus dem Stand

1. Man steht seitlich.
2. Das Gewicht liegt auf dem hinteren Bein.
3. Der Stab wird seitlich am Kopf vorbei nach hinten geführt.
4. Der Wurfarm ist lang.
5. Die Wurfarmschulter und der Oberkörper werden schnell nach vorne geführt (Bogenspannung).
6. Der Stab wird schnell nach vorne geführt und nach schräg oben abgeworfen (40- bis 50-Grad-Winkel).
7. Man sollte auf Kartons, Reifen mit geringer Distanz (5-10 m) zielen.

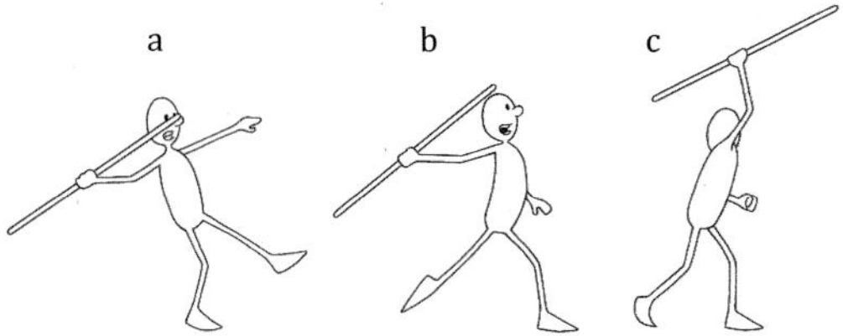

Ein Partner kann das Stabende hinten etwas festhalten, sodass die Übung gegen einen leichten Widerstand ausgeführt wird. Dies ist für eine bessere Bogenspannung und Führung des Wurfgerätes sinnvoll.

Speerwurf-Technik mit Anlauf

Der 3-Schritt-Rhythmus ist bereits vom Schlagballweitwurf bekannt (siehe S. 68).

Rechtshänder werfen den Stab mit der Schrittfolge: links-rechts-links.

Linkshänder werfen den Stab mit der Schrittfolge: rechts-links-rechts.

Kugel-Gewöhnungsübungen:
Zuerst sollte man Gymnastikbälle, dann Medizinbälle und zuletzt die leichteren Kugeln für Frauen zum Üben benutzen.

1. Die Kugel oder der Gymnastikball wird von der einen in die andere Hand übergeben und umkreist so den Körper im Stand.
2. Die Kugel oder der Ball kreist in einer flüssigen Bewegung durch die Beine (Achterkreise). Die Gewichtsverlagerung sollte mit der Achterkreisbewegung rhythmisch übereinstimmen.
3. Die Kugel oder der Ball wird vor dem Kopf von der einen in die andere Hand übergeben und dann leicht gestoßen.
4. Die Kugel oder der Ball wird leicht mit einer Hand nach oben ausgestoßen und mit einer oder beiden Händen wieder gefangen.

Wichtig: Man sollte den Schülern den Unterschied zwischen Stoßen und Werfen zeigen!
Stoßen: Kugel/Ball liegt auf Fingern und Hand, großer Kraftaufwand, schnelle und kurze Stoßbewegung nach schräg oben
Werfen: Ball wird mit der Hand festgehalten, Arm und Hand werden mit Ball weit hinter den Körper geführt und dann zügig vor den Körper geführt

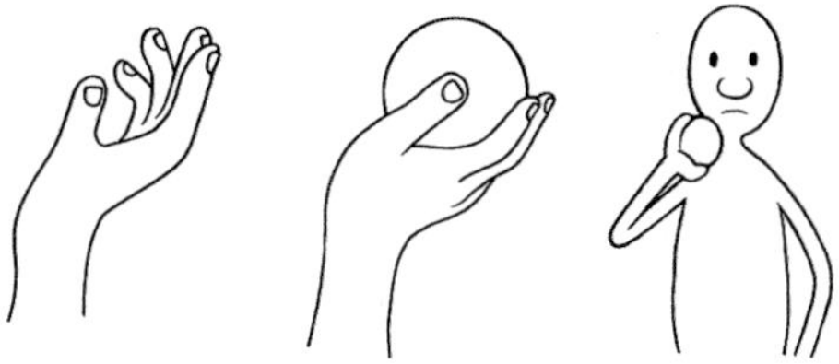

Die Kugel wird auf die Fingerwurzeln gelegt. Der Daumen und der kleine Finger stützen die Kugel seitlich. Die Kugel wird an den Hals gedrückt.

Stoßübungen mit dem Medizinball:

1. Zwei Schüler stehen sich in ca. 10 m Abstand gegenüber und werfen sich den Medizinball per beidhändigem Einwurf (wie beim Fußball-Einwurf) aus dem Stand zu. Danach werfen sie bei kürzerem Abstand im Liegen.
2. Zwei Schüler sitzen sich in ca. 2–3 m Abstand gegenüber und werfen sich den Medizinball einhändig zu. Sie fangen beidhändig, danach stoßen.
3. Beidarmiges seitliches Zuwerfen im Stehen, danach stoßen.

4. Zwei Schüler stehen direkt nebeneinander: den Medizinball seitlich übergeben, über Kopf übergeben und nach unten zwischen den gestreckten Beinen übergeben.

Standstoß

Auch hier sollten die Schüler zuerst mit Gymnastik- und Medizinbällen üben, bevor sie mit leichten Kugeln für Frauen stoßen. Beim Standstoß sollte besonders das Stoßen aus der Stoßauslage geübt werden.

Stoßen mit Nachstellschritt
Als schülergerechte Technik für ein Stoßen aus der Bewegung ist der Nachstellschritt geeignet.
Die Schüler können aus dem seitlichen Stand auch das Angehen mit zwei Schritten ausprobieren:
Rechtshänder: rechts – links – stoßen
Linkshänder: links – rechts – stoßen

4.3 Springen

Das Sprung-ABC

1. Einbeinsprünge:

Bei Einbeinsprüngen springt man mit einem Bein ab und landet mit dem gleichen Bein. Einbeinsprünge können als Mehrfachsprünge (re- re- li- li ...), als Rhythmussprünge (re- re- li- re- re- li) oder über flache Hindernisse durchgeführt werden.

2. Hopserlauf

Die Knie werden abwechselnd kraftvoll nach oben gezogen. Der Oberschenkel des Schwungbeins und der Oberkörper bilden einen 90°-Winkel am höchsten Punkt. Die Arme schwingen gegengleich und abwechselnd nach oben mit, nicht nach vorne! Man landet auf dem Absprungbein.

3. Sprunglauf

Beim Sprunglauf springt man in die Weite. Das hintere Bein wird gestreckt, während das andere Bein nach vorne schwingt, nicht nach oben! Die Arme schwingen gegengleich und abwechselnd nach vorne mit, nicht nach oben! Während der Flugphase ist der Oberschenkel des Schwungbeins waagerecht. Man landet auf dem Bein, mit dem man nicht abgesprungen ist.

Einbeinsprünge

Hopserlauf

Sprunglauf

4. Fußgelenkssprünge:
Die Fersen werden aus dem Stand nach oben gezogen, erst dann erfolgt der Sprung nach oben. Beide Arme schwingen nach oben. Mögliche Variationen sind hier einbeinig, zweibeinig, auf der Stelle oder in Bewegung, mit oder ohne Zwischenhüpfer oder als Seilspringen. Auch die Fußgelenkssprünge können über flache Hindernisse durchgeführt werden.

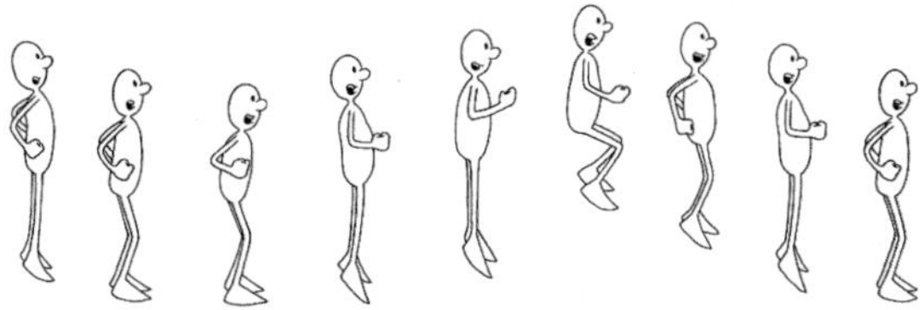

5. Hock(streck)sprünge:
Hocksprünge werden auf der Stelle oder in Bewegung, mit oder ohne Zwischenhüpfer oder als Seilspringen durchgeführt.

6. Hürdensprünge:
Man springt einbeinig oder beidbeinig über Hütchen oder kleine Hürden in verschiedenen Entfernungen und Höhen.

Als Aufwärmübung sollte man diese Übungen mit geringer Intensität beginnen und langsam steigern.

Hüpfball

Ein Schüler klemmt sich ein Ball zwischen die Füße und hüpft damit von einem zum anderen Hütchen – auch als Pendelstaffel möglich:

Bockspringen

Zwei Schüler machen Bocksprünge: Der eine macht sich klein, beugt sich nach vorne und der andere springt über ihn und hält sich dabei mit den Händen an den Schultern des anderen fest. Die Schüler wechseln sich ab.

Spring mal anders!

Die Schüler laufen an, springen vom Kasten ab und fliegen und landen in verschiedenen Arten auf einer Weichbodenmatte, die mit kleinen Matten bedeckt ist:

- beidbeinige oder einbeinige Landung oder Landung in Hockstellung,
- Strecksprünge,
- Drehsprünge.

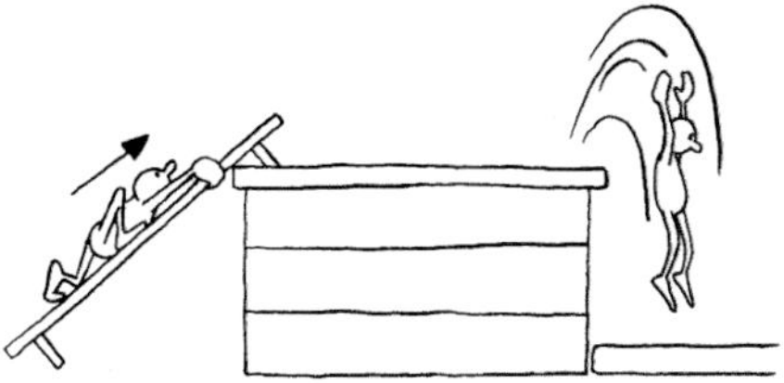

Hockwende

Die Schüler üben die Hockwende an kleinen Stationen:
1. über eine Langbank, 2. über eine schräge Langbank, 3. von Matte zu Matte, 4. über einen Kastendeckel.

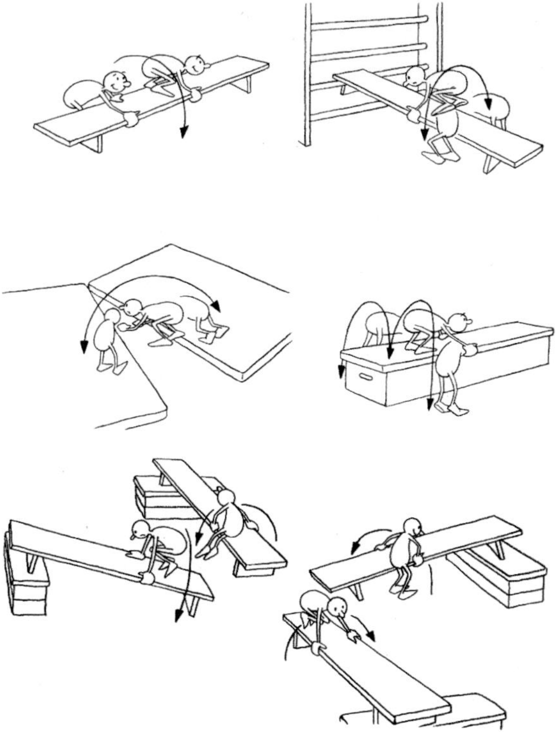

Tiefsprung

Die Schüler klettern eine Sprossenwand hoch und springen von einer beliebigen Höhe, auf eine mit kleinen Matten bedeckte Weichbodenmatte. Sie landen mit beiden Beinen.

Reifenspringen

Die Schüler stehen hintereinander an einem Hütchen. Ein Schüler springt einbeinig oder beidbeinig durch einen Reifenparcours. Im letzten Reifen liegen Tennisbälle. Der Schüler nimmt einen Ball und springt zurück. Dann springt der nächste Schüler. Usw. – auch als Wettspringen mit 2–4 Mannschaften möglich. Welche Mannschaft hat als erste alle Bälle eingesammelt?

Mattenspringen

Die Schüler springen von Matte zu Matte und dürfen den Hallenboden nicht berühren. Auch als Spiel möglich: Ein Schüler erhält ein Band und ist der Fänger. Wer gefangen wird, ist der neue Fänger und erhält das Band.

Zonenspringen

Eine Weichbodenmatte wird mit Kreidestrichen in 6 Zonen eingeteilt. Ein Schüler sagt immer eine Zahl von 1 bis 6. Die restlichen Schüler springen immer in die genannte Zone. Später können die Schüler mehr Zonen mit Kreide einzeichnen, z. B. von 1–10. Wer landet in der genannten Zone?

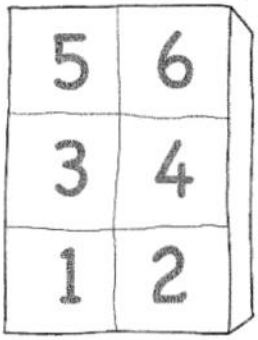

Seilchen-Übungen:

1. Seilchenlauf: Gehe erst langsam und laufe dann mit dem Seil.
2. Auf einem Bein: Springe auf einem Bein.
3. Rückwärts: Mache Schlusssprünge und schlage das Seil rückwärts.
4. Vorwärts: Mache Schlusssprünge und schlage das Seil vorwärts.
5. Seitwärts laufen: Gehe erst langsam und laufe dann mit dem Seil seitwärts.
6. Zu zweit: Stellt euch hintereinander und springt beide mit dem Seil.
7. Zu zweit: Stellt euch nebeneinander. Jeder hält ein Seilchenende. Springt zusammen.
8. Beine und Arme kreuzen: Springe mit gekreuzten Beinen oder Armen auf der Stelle.
9. In das Seil: Zwei Schüler schlagen ein langes Seil. Schüler laufen nacheinander in das Seil, springen einige Male und laufen wieder heraus.
10. Über das Seil: 4–10 Schüler stehen im Kreis. Das Kind in der Mitte dreht sich mit dem Seil um die eigene Achse. Die Schüler im Kreis springen über das in Fußhöhe geschwungene Seil.

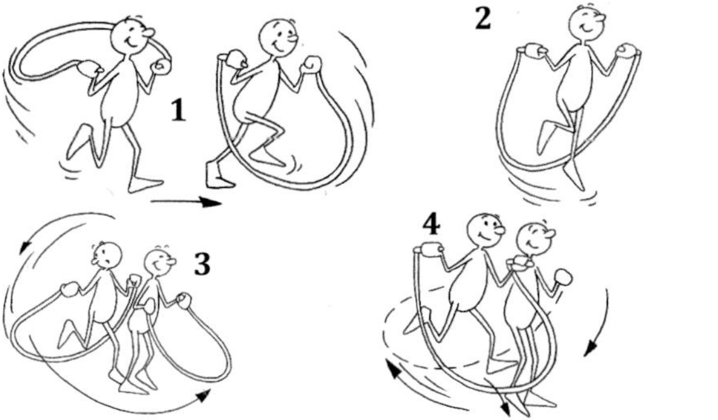

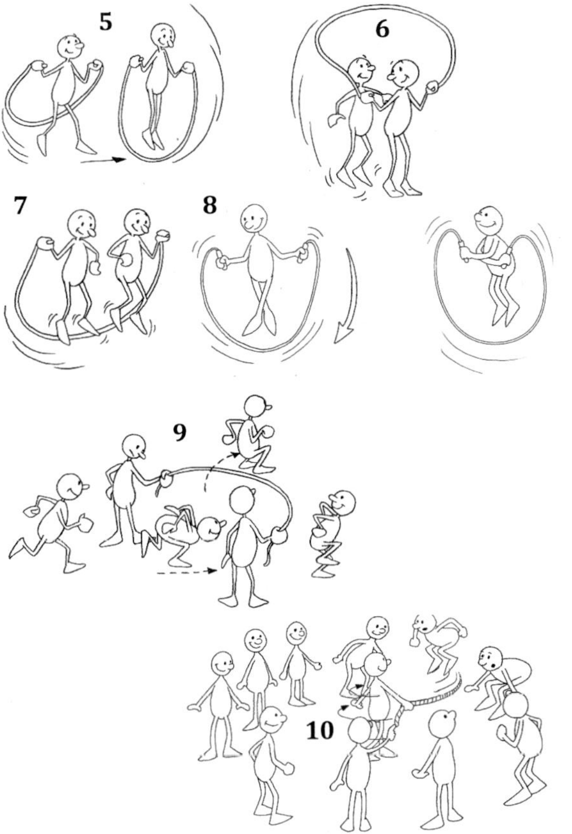
5
6
7
8
9
10

Sprungbrett-Springen

1. Neben einem Langkasten legt man je eine kleine Matte und vor dem Langkasten ein Sprungbrett. Die Schüler stützen sich auf dem Langkasten ab und springen mit beiden Beinen auf dem Sprungbrett auf und ab. Nach einiger Übung springen sie in Hockstellung auf den Kasten.
2. Hinter einem Kasten stehen ein Sprungbrett, ein Kasten, ein Sprungbrett und eine mit kleinen Matten bedeckte Weichbodenmatte. Die Schüler springen beidbeinig vom ersten Kasten bis zur Weichbodenmatte.
3. Die Schüler laufen über eine Mattenbahn, springen beidbeinig auf das Sprungbrett und landen auf der mit kleinen Matten bedeckten Weichbodenmatte.

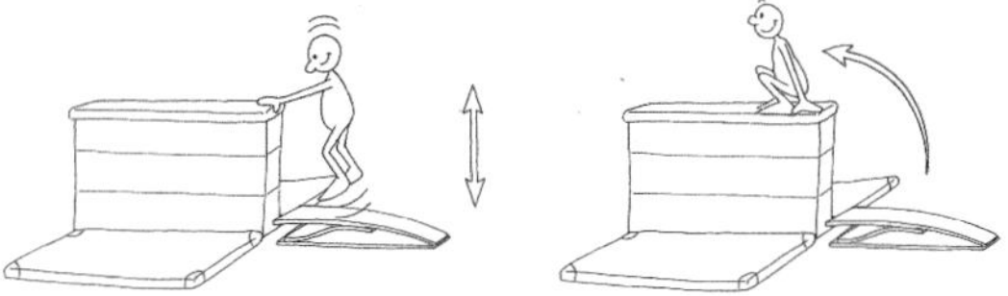

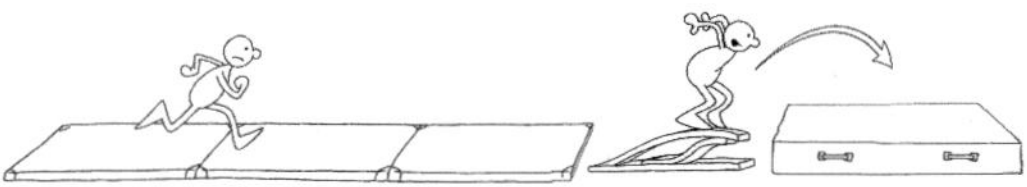

Fliesen-Springen

Mehrere Fliesen werden in Abständen von ca. 1 m hintereinander gelegt. Die Schüler springen beidbeinig von Fliese zu Fliese. Mit Hilfe: Zwei Schüler links und rechts vom Springer halten ihn am Oberarm fest und begleiten ihn bis zur letzten Fliese. Die Helfer lassen die Oberarme nicht los!

Später können die Schüler die Übung auf Kästen mithilfe eines Sprungbrettes machen: erst Landung auf den Schienbeinen, danach auf den Füßen.

Trampolin-Sicherheitsprüfung
Vor der Nutzung des Trampolins sollte man dessen Sicherheit überprüfen: Gleitschutz des Gestells vorhanden, Rahmen und Verspannung abgedeckt, Gummi- und Federzüge in Ordnung, Einsprungmarkierung vorhanden.

Trampolin-Aufbau
Für das Trampolinspringen mit Anlauf baut man es so auf (Kasten optional):

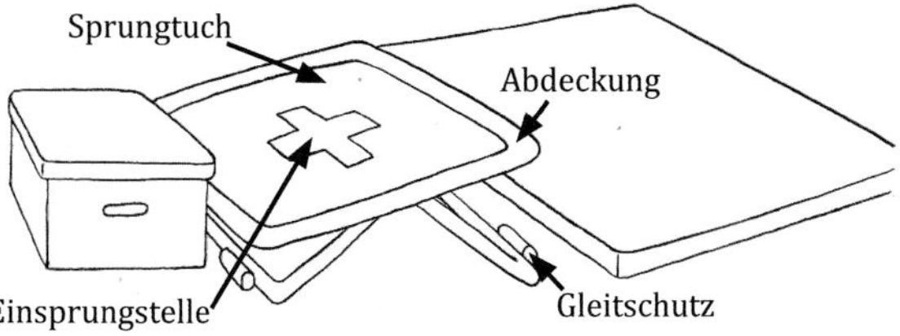

Trampolin-Sprünge zum Aufwärmen
Die Schüler springen auf einem Trampolin, das mit kleinen Matten ringsherum gesichert ist, auf und ab. Sie können sich auch drehen: Vierteldrehung, halbe Drehung, ganze Drehung. Man kann zur Sicherung auch Kästen um das Trampolin stellen.

Trampolin-Variationen
Nun können die Schüler verschiedene Sprünge und Bahnen ausprobieren:

Weitsprung-Technik

Beim Weitsprung in der Grundschule sollte der Schrittweitsprung geübt werden:

1. Der Schüler läuft 10-15 m schnell an und springt aus einer Absprungzone ab.
2. Der Schüler schwingt beim Absprung sein Schwungbein nach vorne.
3. Das Schwungbein bleibt vorne und erst bei der Landung wird das Absprungbein schnell nach vorne geführt, sodass der Schüler beidbeinig auf einer mit kleinen Matten bedeckten Weichbodenmatte landet.

Weitsprung in die Sandgrube

Beim Weitsprung draußen ist der Bewegungsablauf der gleiche wie in der Halle. Man kann die Sandgrube in Zonen einteilen, indem man Linien in den Sand malt oder mehrere Hütchen in kleinen Abständen voneinander seitlich neben die Sandgrube stellt. So sehen die Schüler, wie weit sie gesprungen sind.

Weitsprung-Variationen

Zu Beginn des Weitsprung-Trainings sollten die Schüler verschiedene, einfache Sprungübungen ausprobieren:
kleine und große Schrittsprünge, einbeiniges und beidbeiniges Springen, Hopserlauf usw.

Rhythmisches Anlaufen

Der schnelle und rhythmische Anlauf kann dadurch geübt werden, indem man mehrere und verschiedene Reifenbahnen auf den Boden legt und verschiedene Laufaufgaben vorgibt:

- Springt mit wenigen oder vielen Schritten durch die Reifen.
- Geht oder rennt durch die Reifen.
- Werdet beim Laufen durch die Reifen schneller.

Ziel- und Zonenspringen

Eine mit kleinen Matten bedeckte Weichbodenmatte wird in Zonen mithilfe von Seilen oder Kreidestrichen eingeteilt. Mit Anlauf springt man einbeinig oder beidbeinig in eine Zone und von dort aus in die nächste Zone usw. Mit Anlauf springt man in die erste, dann zweite, dann dritte usw. Zone.

Kastentreppen-Springen

Vor eine mit kleinen Matten bedeckte Weichbodenmatte werden in kurzen Abständen Kastenoberteile und kleine Kästen aufgestellt. Nach einem kurzen Anlauf laufen die Schüler über die immer höher werdende Kastentreppe und landen beidbeinig. Man kann die letzte Treppe auch überspringen. Zusätzlich kann man hinter der Matte ein Sprungbrett aufbauen, von dem die Schüler einbeinig abspringen.

Kastenweitsprung

Der Schrittweitsprung kann mit einem Kastenoberteil und einer mit kleinen Matten bedeckten Weichbodenmatte geübt werden. Der Schüler nimmt einen kurzen Anlauf, springt mit einem Bein vom Kasten ab und landet mit beiden Beinen.

Weitsprungstationen 1

Durch mehrere Sprungstationen und verschiedene Sprungaufgaben wird der Schüler sicherer beim Springen:

- Springe mit beiden Beinen, mit dem linken oder rechten Bein ab.
- Halte die Arme während des Fluges oben, vorne, hinten usw.
- Zappele während des Fluges.
- Lande in der Hocke.

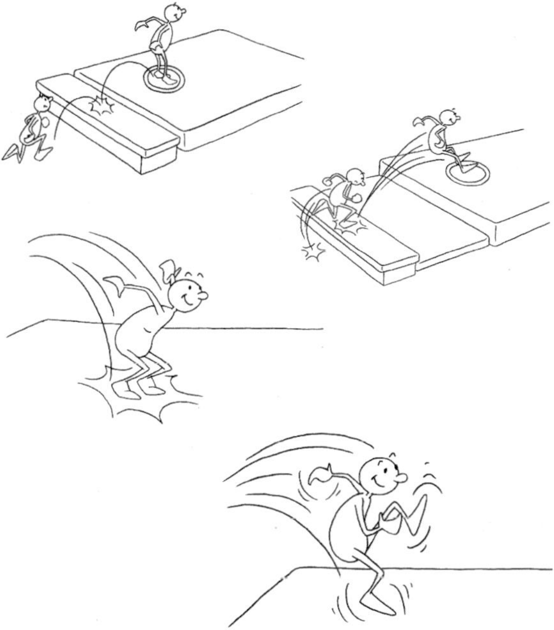

Weitsprungstationen 2

Einige dieser Sprungstationen kann man nebeneinander aufbauen, sodass sich die Schüler selbstständig, ihrem Leistungsvermögen entsprechend, ihre Station aussuchen dürfen:

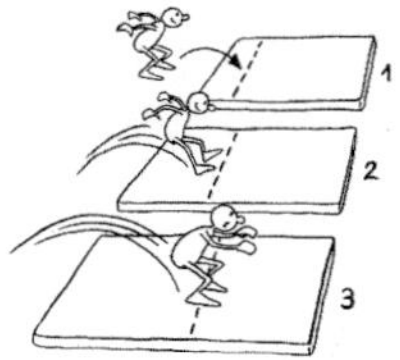

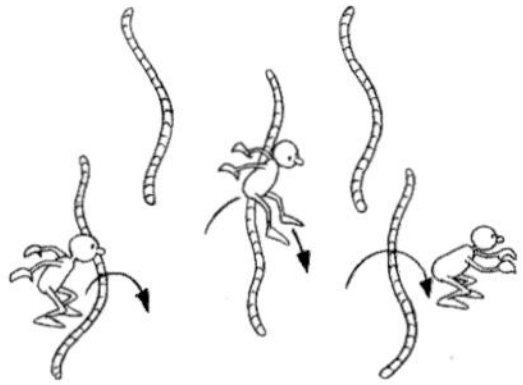

Weitsprungstationen 3
Einige dieser Sprungstationen kann man nebeneinander aufbauen, sodass sich die Schüler selbstständig, ihrem Leistungsvermögen entsprechend, ihre Station aussuchen dürfen:

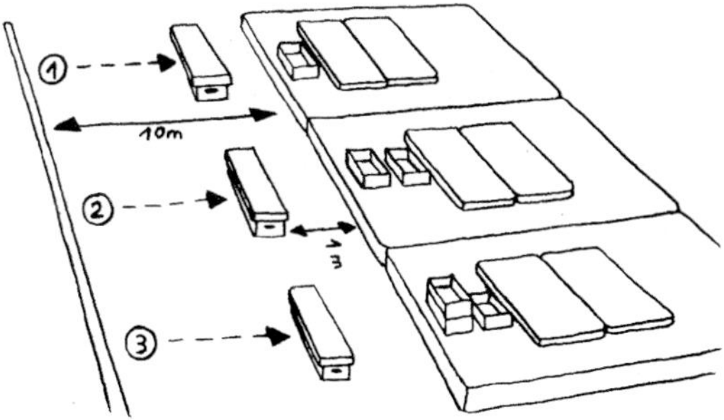

Die Schüler laufen aus 10–15 m an, springen mit einem Bein von dem Kastenoberteil ab, fliegen über eine kleine Matte oder Bananenkartons und landen beidbeinig auf der mit kleinen Matten bedeckten Weichbodenmatte.

Hochsprung

Beim Hochsprung in der Grundschule sollten nur Standhochsprünge und der Schersprung geübt werden. Beim Standhochsprung wird beidbeinig abgesprungen und auf einer Weichbodenmatte gelandet. Auch der Schersprung sollte aus dem Stand zuerst ohne, dann mit Zauberschnur und vor einer Weichbodenmatte geübt werden. Der Schüler steht seitlich neben der Matte. Das Absprungbein wird leicht gebeugt und der Schüler springt hoch, wobei die Arme aktiv nach oben geführt werden. Das Schwungbein wird nach dem Absprung weit nach vorne und oben gestreckt. Oberkörper und Schwungbein bilden einen 50°- bis 30°-Winkel. Dann wird das Absprungbein nachgezogen. Man landet zuerst mit dem Schwung-, dann Absprungbein auf der Matte. Hat der Schüler die Technik verinnerlicht, kann er dies mit seitlichem Anlauf erst ohne, dann mit Zauberschnur üben (siehe Seite 111). Dabei macht der Schüler eine Sitzlandung, landet also auf dem Po mit langen Beinen.

Man baut verschiedene Stationen für Sprünge aus dem Stand auf, die auch in sich differenziert sind:

1. Station: Springe mehrfach mit dem linken und rechten Bein in die Höhe.
2. Station: Springe mehrfach mit dem linken und rechten Bein in die Höhe. Versuche, die Zauberschnur, die Luftballons, die Kärtchen zu berühren. Da die Zauberschnur schräg gespannt ist, beginne an der niedrigsten Stelle.
3. Station: Versuche, die in unterschiedlichen Höhen angebrachten Taue und Ringe durch Standhochsprünge zu erreichen.
4. Station: Versuche, die verschiedenen Striche auf einem an der Wand befestigten Papier durch Standhochsprünge zu erreichen.
5. Station: wie Station 4, nur hier sind Kreidestriche auf Weichbodenmatten gemalt. Die Matten sind durch Gurte an der Wand gesichert.

Die folgenden Übungen sollte man als Stationen für ein differenziertes Sprungtraining aufbauen!

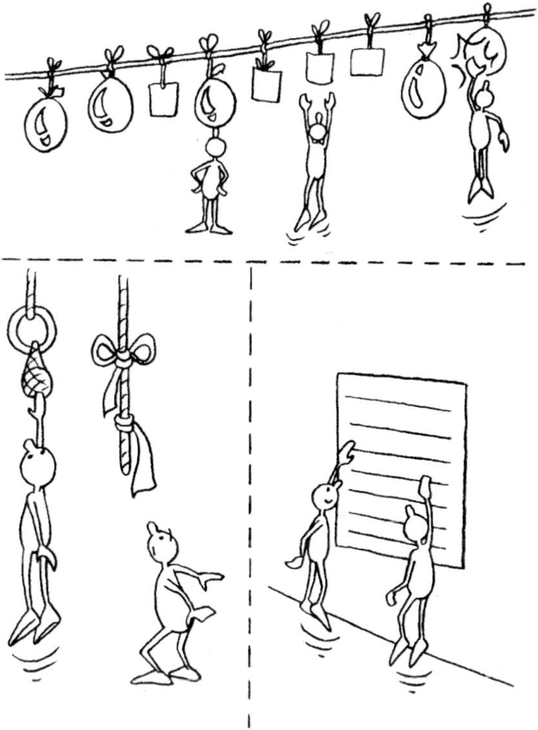

Der Schersprung

Der Anlauf ist von rechts. Das linke Bein ist das Absprungbein:

Der Anlauf ist von links. Das rechte Bein ist das Absprungbein:

Über den Langkasten

Die Schüler springen über Langkästen mit Anlauf, ohne Anlauf, mit beiden Beinen, mit dem linken oder rechten Bein.

Variable Zauberschnur und Hochsprunganlage

Zwei Schüler stehen vor einer kleinen Matte, halten eine Zauberschnur oder ein langes Seil an den Enden fest. Die springenden Schüler bestimmen die Höhe, springen mit Schersprüngen über die Schnur oder das Seil und landen mit den Füßen auf der kleinen Matte. Es können mehrere Gruppen gebildet werden, die sich in der Halle verteilen.

Wenn die Schüler im Schersprung über die variable Zauberschnur sicher sind, kann man zusätzlich 1–2 Hochsprunganlagen aufbauen. Dabei

muss beachtet werden, dass die Füße der Ständer durch Kästen seitlich beschwert werden, eine Zauberschnur benutzt wird und – falls aufgebaut – auf die Weichbodenmatte eine kleine Matte gelegt wird, um ein Umknicken zu verhindern.

Fenstersprünge

An den Ständern einer Hochsprunganlage befestigt man zwei Zauberschnüre mit einem Abstand voneinander von 1-1,50 m. Nach und nach kann der Abstand verringert werden, indem die untere Schnur nach oben geschoben wird. Die obere Schnur soll beim Schersprung mit dem Kopf berührt werden.

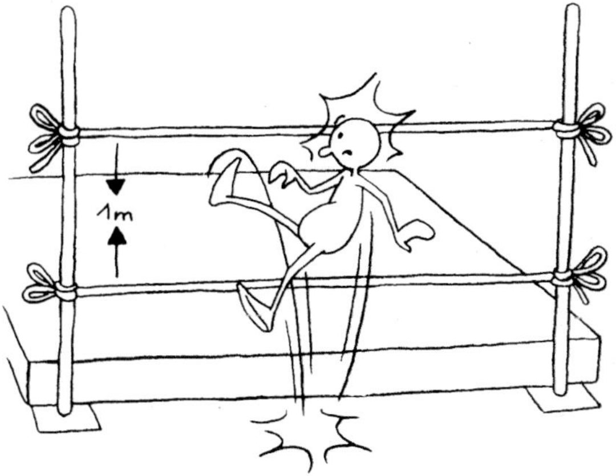

Bildquellenverzeichnis:

Claudia Bauer:
Cover

Roman Lechner:
Seite 12–17, Seite 23 (Mitte), Seite 27 (oben), Seite 30–33, Seite 35 (unten), Seite 41, Seite 44 (unten), Seite 45, Seite 48 (unten), Seite 49–51, Seite 53 (Mitte), Seite 54 (oben), Seite 56, Seite 57 (oben), Seite 58 (unten), Seite 60, Seite 63–65, Seite 67, Seite 72–84, Seite 85 (oben), Seite 90, Seite 91, Seite 93 (Bild 8 und 10), Seite 94, Seite 97, Seite 106 (unten), Seite 109

Renata Golaszewska, Alexander Erkens:
Seit 21, Seite 23 (oben und unten), Seite 24, Seite 25, Seite 26 (unten), Seite 27 (unten), Seite 28, Seite 29, Seite 34, Seite 35 (oben), Seite 36–38, Seite 40, Seite 42, Seite 43, Seite 44 (oben), Seite 46, Seite 47, Seite 48 (oben), Seite 53 (unten), Seite 54 (unten), Seite 55 (unten), Seite 57 (unten), Seite 58 (oben), Seite 59, Seite 61, Seite 62, Seite 66, Seite 68, Seite 69, Seite 70, Seite 85 (unten), Seite 86, Seite 87, Seite 88, Seite 95, Seite 96, Seite 98, Seite 101, Seite 102–104, Seite 107, Seite 110, Seite 111

Renata Golaszewska:
Seite 26 (oben), Seite 39, Seite 53 (oben rechts), Seite 53 (Mitte), Seite 55 (oben), Seite 71, Seite 89, Seite 92, Seite 93 (Bilder 5, 6, 7 und 9), Seite 100, Seite 105, Seite 106 (oben)